THE

ANSWER

Diary of A Wall Street Trader

金融風暴後的華爾街十年見聞，
在原始赤裸的競爭中，看見投資最重要的事

華爾街交易員的
投資解答

디 앤서

紐約居民 著

蔡佩君 譯

方舟文化

作者的話

　　我想寫一本誠實的書。這裡面記錄著我親身經歷過的所見所聞、我記憶裡的華爾街，和在華爾街裡的人們。所有內容都基於真實事件、趣聞、人物之上，只不過為保護個資，修改了特定人物與公司名稱。本書真實記錄了我作為一個夢想著踏入華爾街的大學生、一名經營顧問、一名投資銀行職員、一名避險基金分析師、一名交易員的人生中，面對無數次挑戰與挫折時，我如何思考與行動。在拼湊腦海中的記憶碎片時，即便有些許遺漏，我也絕無任何編造與虛構。這是一本真實的日記，分享的是我的記憶與我所處的投資世界。

前言

「話說回來，最近買哪一檔股票比較好啊？」

又來了，又要叫我推薦股票了。

　　為了放鬆，下班後和朋友們見面小酌一杯，有時候反而比工作的壓力更大。光是在這如戰場般的市場上，每天收盤後早已令人精疲力盡，但我的工作其實這時候才正式開始。檢討當天的交易哪裡做得不錯、哪裡做得不對，確認我的估價模型有無異常、當天盤中有沒有找到新的投資機會、有沒有需要更動倉位、我的投資組合避險還有沒有效、要怎麼應對明天的市場……一連串無止盡的分析，工作到幾近午夜早已是家常便飯。每當我打算明天清晨早點出門，再把今天沒做完的事做完，下定決心準備回家之際，總會收到一封短訊：「我今天也提早下班，要不要一起喝一杯？」這封簡訊，來自距離我公司只有兩個街口、在 JP 摩根工作的大學同學。他已升上中階管理職，照理來說應該可以更早下

班，可能是最近交易量比較多吧。事實上，我連拒絕的時間都沒有，他早已把寫著附近酒吧店名和地址的 Google 連結傳給了我，要我 10 分鐘內出來。

紐約夜晚的街道比白天更絢爛耀眼。時代廣場上的電子看板與密密麻麻的高樓大廈，散發出燈光，照亮夜晚的街道，幾乎令人分不清楚現在是中午 12 點還是午夜 12 點。街道上擠滿了來自全球各地的觀光客，以及深夜才下班的上班族，多虧於此，我的凌晨下班之路並不孤單。但在這個時間點，我依然沒有返家，而是朝著另一個地方前去。剛抵達酒吧，我就看到大學同學已點好一杯威士忌，正晃著酒杯裡的冰塊。他一發現我，立刻把我拉到酒吧桌前，提出了開頭的那個問題。

其實不管遇到什麼人都大同小異，在避險基金工作的人，最常被問到的問題，就是推薦股票。大學同學、律師友人、個人稅務師、當上新創公司老闆的朋友，甚至是語言相通的金融圈朋友，所有人只要一見到我，都會提出這個問題。唉⋯⋯當然，他們還會再附上一個，對於「避險基金」毫無來由的負面印象與對表面的華麗充滿排斥感的眼神。不知從什麼時候開始，我已經準備好一套臺詞，來回答「要買哪一檔股票」這沒頭沒尾的問題。

「嗯，以最近這種市場來說，買 A 公司的股票很不錯。但是買入金額的 5～10％需要對美國證券市場競爭者 B 公司與在中國證券市場上市的同業 C 公司進行賣空，另外 10％左右要透過賣出 CMBX 抵押貸款信用違約交換來進行信用避險。順帶一提，

這些是基於你使用 2 倍左右槓桿的假設之上。假如下週業績公布的時後沒有出現新的變數，短期內利率套期維持在目前的水平，按照我所說的做就一定可以賺到錢。」

只要用這種方式表達，大部分的人都會放棄理解，也就不會再要求我推薦股票了。另一個令人嘆氣的問題類型，則是「妳覺得經濟衰退什麼時候會發生」、「現在買進標普 500 是對的嗎」這類猜測牛市與熊市的問題。「這世界上不存在可以預知市場週期的人」、「避險基金的大前提是不論市場漲跌都要創造收益」，不管我再怎麼解釋都毫無用處，即便我解釋了，我收到的回答總是「好啦，我知道了⋯⋯所以妳覺得市場會繼續走揚嗎？」

我認為這些提問，本身就存在著根本性的問題。這種提問的背後蘊含著一種思考方式，把股票投資當成在菜市場買菜一樣，只想要選一檔會肯定會不斷上漲的股票。關於市場循環的問題也是一樣，我們不可能預測市場什麼時候下跌與反漲。即便如此，股票市場周圍的「專家」們還是認為市場可以預測，做著「市況預測」與「股價預測」，且更多的人選擇聽信這些話語。這個現象最終暗示著什麼呢？事實上，很多人從原理上就對於股票投資的概念有所誤解，這也是為什麼他們必然會失敗。

很多人投資股票失利，從投資失敗的比例上來看，散戶失敗的機率壓倒性勝過機構，我並不認為這種現象只是源於資本多寡的差異，我也不認為是機構比散戶更厲害。當然，兩者在獲取資

訊的速度和專業性上有所差距，但光憑這一點，也很難完整解釋散戶的勝率為何如此之低。我認為問題在於，散戶缺乏投資原則與基於原則之上的判斷力，這也是數不清的散戶在股票投資上失利的最大原因。一般上班族想要透過股票成功，不需要像證券公司的分析師一樣擅長財務分析、對企業進行深入了解，只要擁有最低限度的財務與會計概念，樹立正確的投資原則，以及擁有遵守原則的執行力，就可以左右投資報酬率。

但是，倘若我只是想指責和批判散戶的錯誤，那我大可不必撰寫這本書。我非常幸運，得以親眼見證並學習到，那些被譽為華爾街傳說級成功投資人士們的投資哲學、交易風格、投資原則與策略。我也曾親眼目睹，那些曾經登上傳奇寶座的明星基金經理人，又是如何因一場得以在華爾街名留千史的投資失利，被迫離開業界。對我來說，這些投資大師留給我的投資教訓，一點都不輸給新聞上粉飾過的成功案例。我想和大家分享的是，我用盡全力在華爾街世界生存下來的過程中，所積累的經驗、學習與領悟。現實情況是，只有少數幾位業界專家擁有對投資的基本態度、哲學與原則，而這使得金融市場的潛在（untapped）獲利機會實在太多。我想傳達的內容並不會太難，只取決於各位讀者是否要執行。

「金融知識的普及化」——在我 21 歲，手握畢業證書、踏入社會的時候，就已懷抱著這個人生願景。對金融人而言，特別是對站在金融界頂端的避險基金經理人而言，最大的悲劇，莫過

於除了「錢」以外，沒有其他人生願景了。許多在華爾街叱吒風雲的人，都在實踐著這個想法。紐約大大小小的公共設施、博物館、文化會館、學校等各種社會財團捐贈者名單上，都會出現許多基金經理人的名字。無論是展現型的捐贈，或是真正的貴族義務實踐，不管是以哪一種形式，基金經理人都在回饋社會。以我自身為例，除了物質形態的捐贈以外，我還想要以教育的方式，分享我辛辛苦苦踏入華爾街，在這裡辛苦積累的投資經驗與知識等無形資產。

「投資」是比數學與經濟學知識，都更靠近人文學的行為。當然，要做到聰明投資，我們還是需要基礎的財務與會計知識，但市場終究取決於人們的行動，以及對人的研究。都說投資與投機只有一線之隔，對於原則與哲學，以及對自身投資標的沒有基本了解的投資行為，只不過是一種投機罷了。這種行為建立在無知上，所以投機的人甚至無法意識到自己的行為是一種投機。我想藉由這本書做出一些貢獻，消除掉這種盲目的危險思考與行為模式。對於認為自己正在「投資」，懷疑著自己買進的股票「為什麼還不漲」，每天要確認數十次股票線圖、內心充滿不安的投資人而言，這本書裡可能沒有什麼讓你通體舒暢的解答，而且還充斥許多你不想聽的話。

現在和過去不一樣了，金融知識是現代所有人都必須具備的基本素養。我認為高中義務教育，應該要包含金融、經濟、投資教育，因為這是活在這世界上必備的生存技術。對自己無法了解

的金融商品下手，買進一檔完全沒做過基本分析的公司股票，期待著明天股價馬上上漲，我希望這種人可以愈來愈少。試想，我們難道會在不會游泳的情況下，直接跳進海裡嗎？

最後，我想要分享的是，在華爾街這個用「戰爭」二字仍不足以完整形容的激烈戰場及天才聚集之地，我歷經挫折依舊努力堅持下來的成長故事。相信在這過程中我所經歷過的事，在各位的人生脈絡中，總有可以應用之處。

從大學留學生活開始，一直到進入華爾街為止，Part 1 講述了我正式投身「投資」世界的過程，以及剛好遇見的華爾街沒落與復活。Part 2 收錄了我以內部人士角度，對華爾街投資世界的觀察與自我反省；Part 3 講述我從還在引領華爾街並左右著金融市場的投資大師們身上，所學到的投資方法與哲學、實際投資案例與個人訣竅。Part 4 則是我輾轉於華爾街各組織的同時，用日記的方式記錄下的日常插曲與個人想法。Part 5 則收錄了我想傳遞給投資人、有關投資本質的訊息。

也許，這本書是對各位提出「要買哪一檔股票」，所給予的超長篇回答；也是我在華爾街的舞臺上、在世界金字塔頂端的避險基金工作的同時，一步一腳印發現自我投資原則的個人紀錄。希望我的故事可以在各位所走的道路上，帶來一點新的動機與刺激；也希望各位可以與朝著「金融知識普及化」願景邁進的我，一起前進。

紐約居民

目次
Contents

PART 2

華爾街的自然節律

PART 3

追求絕對收益的避險基金經理人

PART 4
華爾街日記

PART 5
養成「投資 DNA」的第二天性

PART 1

一腳踏入
華爾街避險基金的世界

雷曼兄弟事件的
回憶

「今天的資產定價模型考試取消。各位現在正面對著金融歷史的里程碑，有必要正確了解這個事件，並進行社會探討，所以今天的課程就改上次級信貸危機與金融機構道德危機吧。」

由於教授的一席話，財務課上擠滿百餘人的教室，一時之間嘈雜了起來。大部分人手上都拿著一份從凌晨翻到現在已經爛掉的《華爾街日報》（*The Wall Street Journal*），另一手則拿著一杯 20 盎司的大杯咖啡。雖然我手上拿的是一杯加了糖漿的紅茶，但看起來也跟其他人沒什麼兩樣。我手上的報紙寫著「擁有 158 年歷史的雷曼兄弟申請破產」、「美林證券走向歷史，出售給美國銀行（BoA）」，頭版上還刊登著拿著箱子走出公司大樓的雷曼兄弟員工的照片，以及象徵美林證券的華爾街公牛倒塌的插畫。2008 年 9 月 15 日，我至今還清楚記得當天發生的所有事情，包括時間、人物、地點與瑣碎的對話。

教授剛說完話，問題從四面八方傾巢而出。「巴克萊不是正

在進行出售談判嗎？政府金援貝爾斯登－JP 摩根，但為什麼不幫助雷曼兄弟？」「現在一起算一下 39 億美元的虧損吧！華爾街預估的數值是 22 億美元，難道說資產負債表上還有沒掌握到的不良資產嗎？」「6,130 億美元的債務，代表從去年開始的槓桿就是 31 倍，是我算錯了嗎？這個數字太不可以思議了……」「這個為什麼全部都是 CDO（債務擔保證券）的錯？這不是衍生商品的問題，而是抵押貸款市場泡沫化所導致的不是嗎？」「美林要怎麼出售給 BoA？商業銀行要怎麼進行投資銀行的業務？」源源不絕的問題，已經放棄講課的教授正冒著冷汗面對著眼前的學生們，他們大部分都預計隔年要到華爾街的投資銀行或基金 01 任職，其中也有數十位，是一夜之間化為烏有的雷曼兄弟與美林證券的預備職員。在兩次世界大戰中生存下來的大型投資公司，就在一瞬間消失了。對於認為畢業後理所當然要進軍華爾街的我們而言，以投資銀行為首的金融業崩潰，簡直就好比世界末日，因為那個地方就是我們認為的全世界。那一天，除了這堂課以外，學校的所有課都無法正常進行，所有人都繃緊了神經，有些人已經預測到會收到取消錄取的通知，看不見未來的曙光，陷入絕望，徹夜哭泣。

---

01 一種投資信託，負責投資、管理、運用從投資人身上取得的資金。基金依照策略與管理的商品，可以分為許多種類，私募基金就是其一。避險基金從廣義上來說，屬於私募基金的一種。

2 億的債務與
提前到手的畢業證書

　　賓夕凡尼亞大學的華頓商學院被譽為「華爾街軍校」，是常春藤大學中唯一一家隸屬於大學的商學院。它名符其實，每年畢業生中有 70％以上都在華爾街就職。由於它與華爾街相輔相成，學生們對紐約證券市場的任何一則小新聞，都保持高度警戒，對道瓊指數的一點微小變動，也會有敏感的反應。社團活動上，學生會實際運用基金賺取高收益，好似明天就可以立刻投身投資銀行的公司財務管理部門一般，實力過人的學生們比比皆是，有很多人在畢業前就會收到國際級避險基金（hedge fund）[02]、私募基

---

02 顧名思義是透過「避險」策略，投資高風險資產，實現收益最大化的基金。避險基金與一般基金不同，可以使用高度槓桿（借款比率），由於不受限制，所以追求更積極、更高收益的投資。因為管理的資金規模龐大，過去有很多一位避險基金經理人可以決定一家企業的生死，甚至可以左右一個國家經濟的案例，他們因而也被稱為「市場的非法分子」，但事實上並非如此。因為基金經理人在承受巨大風險的同時，相對的風險管理（避險）也非常嚴格。避險基金主要投資像股票這類流動性較高的商品，「避險」的細項策略則會根據每檔基金而有所不同。

金（private equity fund）⁰³ 公司的入職邀請。對於在這種地方同甘共苦的我們，2008 年的秋天實在過於殘酷。

「Applying to every bank under the sun……」（我正投履歷給這世界上所有的證券公司……）

安迪去年夏天完成了雷曼兄弟投資銀行部門的實習，正在等待明年的正式入職。不久前，他接到巴克萊⁰⁴ 銀行人事部門的一通來電，瞬間成為準失業人士。安迪說，當時對方開始讀稿：「我們有義務竭盡全力協助各位再次就業，如有需要推薦信的話，歡迎隨時……」但他在人事部負責人還沒說完前就掛斷了電話。

「別吃，那披薩已經放兩天了。」

安迪正眼都沒瞧已經咬了一口披薩的我，脫口而出了這句話。看他的樣子，很明顯已經好幾天沒吃飯、沒洗澡，一直關在宿舍裡。

「那你怎麼不拿去丟！」

「別跟我說話，我在寫自薦信（cover letter）。」

猛然一看，本來除了高盛等級的公司，其他公司都不屑一顧的安迪，甚至還投履歷給一家位於波士頓沒沒無聞的小型資產管理公司。

---

03 把從少數投資人身上取得的資金，投資到股票、債券、不動產的基金。私募基金與公募基金不同，出資的資格有所限制，所以比較不受規範。雖然投資高收益資產，但相對來說風險也較高。

04 雷曼兄弟最終只以 17.5 億美元，把除了不動產與衍生商品相關部門以外的北美銀行事業部門賣給了英國的巴克萊銀行，亞洲事業部門則賣給了日本銀行野村證券。雖然部分雷曼兄弟的員工可以進入收購方銀行工作，但也有很多員工拒絕接受邀請，或是沒有收到錄取信。

　　當時的我正在準備和隔年就業息息相關的投資銀行實習，同樣感到一片茫然。

　　9 月是美國大學的開學季，也是就業活動的開幕季。每年到了這個時期，華爾街的金融公司們都會展開一場戰爭，搶著賓大 05 這種被公認為是金融人才培育大學的就學生。他們白天在校園，晚上在五星級酒店華麗的宴會廳，邀請學生參與宣傳活動。名滿天下的投資銀行、避險基金、私募基金公司派出同門職員，努力宣傳著「為什麼必須來高盛工作」、「在 KKR 工作意味著什麼」、「為什麼要拒絕摩根士丹利來橋水基金工作」，彷彿除了在華爾街以外，其他職業都不具意義。當然入職面試的過程也很激烈，還要跟其他名門大學的學生競爭，但賓大畢業的學生總有著壓倒性的合格率。

　　然而 2008 年次貸危機爆發後，整個校園陷入緊急狀態。幾天前還人人稱羨的大型投資銀行，接連消失。當時還有消息指出，留下來的高盛與摩根士丹利也跳脫了傳統的投資銀行模式，轉型為銀行控股公司。花旗銀行、美國銀行、JP 摩根開始收購不良銀行與地方銀行，原本是商業銀行的母集團，開始脫胎換骨成為超大型綜合金融公司，華爾街的地貌正發生變化。

　　在整體市場都在進行結構改組的情況下，業界每天都在發生劇烈改變，因此金融公司們不但沒有招募新員工，反而還解雇了在職員工。原本 9 月到 11 月，各種招聘活動排滿了我的行程，

―――

05 University of Pennsylvania，賓夕法尼亞大學的簡稱。

但這些活動接二連三消失殆盡，不知不覺間，只剩下一個空白又乾淨的月曆。最後，那一年我不得不放棄在金融圈就業。華爾街史無前例的招聘凍結（hiring freeze），為數不多的幾個就業大門，幾乎不可能向外國學生敞開。連擁有居民身分或永居權的美國學生都只能坐冷板凳，怎麼還會花錢聘請要費心思申請就業簽證的外國人呢？

我不得已改變了就業策略，決定進攻管理顧問公司。以麥肯錫、貝恩、BGG 為代表的顧問業，本就是受歡迎程度僅次於金融業的出路，華爾街就業市場崩盤後，畢業生們大舉湧入顧問業，創下了史上最高的競爭率。我的競爭對手如此強大，我要跨越的高山如此高聳。「怎麼辦，我只是一個留學生……」想到我可能束手無策，只能就這麼回韓國，我感到非常害怕。再加上，當時的我有一個非常現實的煩惱。我出生在一個難以負擔常春藤學費的平凡公務員家庭，為了補齊一年超過 5 萬美元留學費用，必須向韓國的銀行貸款。問題在於 2008 年衝擊全球的美國金融危機，導致韓元兌美元的匯率暴漲，1 美元折合超過 1500 韓元。2007 年，還是新生的我懷抱著夢想來到美國，當時匯率一直保持在 900 韓元上下，卻在一年內幾乎漲了 1 倍。才剛讀完第一學年度的我，瞬間就揹上了上億韓元的貸款。

我沒有其他辦法，為了降低貸款金額，只能把目標放在提早畢業上。為了提前修滿畢業學分，我一學期選修了 8 門專業科目。由於我的目標是就業，當然也要保持良好的成績，所以我大學生活唯一的回憶，就是忙碌地往返在教室和中央圖書館之間；還有

在凌晨 2 點圖書館關門之後，在唯一 24 小時開放的亨斯邁大樓（Jon M.Huntsman Hall，商學院的大樓名稱）的某個小角落，繼續看著我還沒看完的書。當天亮之前進來大樓打掃的管理員，拿著吸塵器四處碰撞發出聲響，吵醒堅持到凌晨、最後趴在桌上睡著的我，我就會再打起精神，開始為上午的課堂考試做準備。印象中，我幾乎沒有在宿舍床上好好睡過一覺，宿舍只不過是我用來換衣服和洗澡的空間。因為真的太過累人，我每週至少都有一次是邊哭邊看著書。

21 歲的冬天，我終於結束為期 2 年半，非常短暫又充實的大學生活。離開校園的我，只剩下 1 張不能保障未來的常春藤畢業證書，以及 2 億韓元的債務（依當時匯率折合約 500 萬新臺幣）。

關於
反覆與遺忘

　　當年的我被埋沒在自己的個人情勢中，沒有時間觀察大局，但是回想起來，那時期卻帶給我偌大的啟發。不只是投資人，這段時間是每一個人都必須記得的歷史現場。然而該稱之為金融市場的短期性 [06] 嗎？人們會快速忘卻歷史上反覆發生的金融危機，並從中恢復。這裡我想強調的，並不是景氣復甦的積極彈性，而是人們非常容易忘記可能招致嚴重金融災害的投機心理，以及相對應的非理性行為。

　　從歷史上看來，資產泡沫化的現象一直存在。但是幾百年來，人們的行為與市場情緒卻沒有改變。假如過度仰賴屬於人類本能的貪婪和側重性思考，投資就會變質成為投機。最有趣的地方在於，這種現象唯有在不動產上會出現被極度放大的現象。我

---

06 金融學者約翰・高伯瑞（John K. Galbraith）在《金融狂熱簡史》（*A Short History of Financial Euphoria*）一書中指出，歷史上反覆出現泡沫現象的主因在於「金融市場的短期性」（extreme brevity of financial memory）。

為了完成引頸翹望的留學生活，踏上美國國土的 2007 年，剛好就是投機心理與不動產交錯爆發的時期。這件事情距離 2000 年代初期，美國大型網路泡沫化導致經濟發生動盪，還不到 10 年之久。

現在回想起來，一件以常理來說非常不可思議的事，當年卻公然在華爾街上演。「最糟糕的貸款成形於市場的最高點」（Banking truism: The worst loans are made at the best of times）[07]。市場高點的貸款是一種破壞性的創造（destructive creation）。本來愈容易賺到的錢，就具有愈強大的破壞力。當時的華爾街正忙著出售必定會造成資本潰堤的結構性融資[08]衍生商品，騙子貸款（Liar's Loan）型態的住宅抵押貸款橫行市場。銀行們別說是住宅抵押了，甚至還同意以將近 100％的貸款價值比（LVT），放貸給應該加以拒絕、以幾千萬為單位的信用貸款者。在沒有所得證明與在職證明的情況下，無限制發行的不良住宅抵押貸款，也就是被稱為「sub-prime」[09]（次級貸款）的不良商品，但信用評估機構們卻毫不在意地給予這類商品高度的信用等級。

扮演著監視與監督作用的主體們，反而助長了不良貸款。應該規範這些衍生商品的管理當局卻袖手旁觀，導致市場上，即便

---

07 英國財經雜誌《經濟學人》（*The Economist*）2001 年 1 月 27 日專欄上的名句。

08 藉由資產結構化達成交易目的的金融手法。為了籌資、運營和風險管理，當發行者或資產所有者無法藉由股票、債券、匯率等現有金融商品達成目的時，藉由引進選擇權、期貨、交換交易等衍生商品，或成立特殊目的公司等，以各種方式進行結構化的金融工程手法。

09 信用等級較低，顧名思義就是最高等級（prime）以下（sub）的等級。

是不良商品，只要不違法，就會根據供需原理，毫無差別地進行交易。一夜之間躍升成為 A 等級的次級證券，被包裝成高報酬 MBS（不動產抵押貸款證券）等衍生商品，回歸金融界。對此，避險基金、證券公司、年金等大型機構投資人的需求爆發，這些地方聚集了這麼多聰明人，怎麼會發生這種事呢？

價格與價值
必然會背離

　　想到資產價值與投資者情緒的交互作用，我就覺得真的很有趣。市場所發生的所有事情，歸根究底還是人的行為，因此必定會充分反應出市場玩家們的情緒狀態。理論上來說，市場的估值應該要與企業業績、基礎資產的財務健康性等基本面（fundamental）[10] 同步運作，但大部分情況都並非如此，反而會反覆出現跟右頁圖一樣的情況。

　　變動性愈大的市場，以基本面計算而出的合理價值與市場價值的背離就愈大，如果是有效率的市場，最終兩者的價值就會收斂。問題在於，兩者要走到收斂需要時間和投資人的耐心。不論是過度反應（overreaction）或反應不足（underreaction），市場都會朝雙方面過度反應和波動，於是導致上下產生如圖中所示的

---

10 牽引企業價值的基本因素，指左右增長率、現金流量、事業模式等企業成長，或左右收益性的財務與非財務之價值因素。

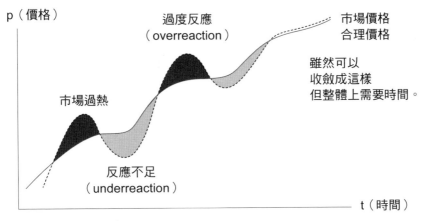

（出處：我的大腦）

缺口。

由於市場或企業的狀況會在好與壞之間徘徊，合理價值肯定也會發生變化，但最終仍取決於主導交易的市場參與者，其對價值的認定與對風險的態度等心理因素。這裡頭隱藏著三個不太起眼的大因素（pitfalls）。

第一個因素是市場參與者中，大多數都不是「投資人」。一般來說，人們對價格的漲跌非常敏感，反應也很誇張，就如同所有心理作用一樣，控制與均衡並不存在。當市況好的時候，人們會被毫無根據的肯定論所綁架，認為目前的狀況將會持續下去，加速資產價值的上漲。美國的 2006 至 2007 年，正好就處於這個時期。市場上充斥著信貸和流動性，甚至還出現「百年難得一見的信貸海嘯」（once-in-a-century credit tsunami）一說，隨著這個現象開始集中在不動產上，不動產的價格便開始泡沫化。

　　當泡沫化發生時，不管是誰拿著再客觀的指標發出警告，市場本就都會置之不理。雖然有部分人士指責，反覆進行不受規範與不透明的交易，體積愈來愈龐大的衍生商品很可能會成為「金融界的大規模殺傷性武器」，但即便如此，這些人仍然阻止相關限制的設立，主導著市場，讚頌著衍生商品是最有效的方法，可以把想避開風險的投資人資產，轉移（transfer）給願意承擔風險的投資人群體，並且吹捧著把商品結構化，負責仲介交易的投資銀行員工是金融界的天才。

　　群體過熱比想像中更容易成形。市場價格與資產價值背離，進入泡沫化的瞬間，所有人就好似約好了一樣，開始乘勝追擊，成為自由市場主義者。當所有人都參與在泡沫之內，只有自己置身事外的時候，人們就會出現一種好像只能看著周遭的人日益富裕，只有自己是失敗者的感覺。資產價格基於投資人的期待而上漲，是一個理所當然的市場原理，但是當這份期待已經超過合理的價值上升曲線時，就會本末倒置，接下來不再由期待引領價格，而是價格引領心理。泡沫化時期持續上漲的價格，會讓市場參與者們認為自己做了明智的投資，使樂觀的自我認知偏差（self-confidence bias）增加。倘若這種心理狀態集體化，就會開始主導市場價格，使得原本明智的投資人也為此驚慌失措，失去平常心，即使對合理價格懷抱著信念，也會因為眼前日益上漲的市場價格而受到動搖。

　　第二個因素是，當市場遇到危機時，實際的風險規模與人們反應程度多寡的差距。眼前看似永遠的牛市，不管因為什麼原

因受阻，那個時間點將會成為轉捩點，所有的情況都會開始惡化。不久前還積極分析著各種變數的市場參與者們，突然開始以負面的角度解釋所有的一切，使市場被不安和恐慌所籠罩。一連串的負面心理與市場變數相互加乘，導致市場價格下跌。無法被償還（再理所當然不過）的不良債權真相浮出檯面，各種衍生商品立刻成為金融界的大規模殺傷性武器，摧毀了市場。這時期的恐慌性拋售（panic selling）和泡沫化時期的恐慌性購買（panic buying）本質上毫無差異。人們單純以價格下跌為由，賣出自己手上持有的資產。隨著不動產市場崩潰，股票與債券市場也接連倒下，過剩的信貸消失，流動性幻化成「0」。看似永恆的華爾街盛況，就這麼虛無地畫下句點，就如同先前只因為「價格正在上漲」一個片面的判斷依據，就足以進場一樣，如此虛無。

最後，第三個因素是這種模式會不斷反覆發生，而且週期相當之短，這也是我為什麼在第 27 頁的圖表，會反覆數次畫出兩個波浪之間的間隔上下擴大的原因。被稱為「世紀大事件」的荷蘭鬱金香泡沫、英國的南海（South Sea）泡沫、2000 年的網際網路泡沫、2008 年的不動產泡沫……同樣的歷史反覆上演，程度與規模只有愈變愈大，但絕對不會縮小。雖然這個結論很理所當然，但是 2007 年大多數市場玩家的行為被認定是一種魯莽，結果招致了 2008 年的災難。這個結果完全可被預測，但這卻是當時沒有任何人想相信的結果。

十多年過去後的今日，我偶爾會想像，假如當年美國不動產泡沫化時期，我是在職的基金經理人的話，會發生什麼事呢？在

華爾街投資銀行業力達到巔峰的時期，我會採取什麼做法，又會如何面對後來崩盤的市場呢？我任職的期間，沒有親身體驗過泡沫化誕生、發展與崩潰的循環，這是幸還是不幸呢？事實上，那個時期大多數華爾街避險基金經理人都創下史無前例的虧損，導致基金必須強制清算；但也有採取反向投資，在市場崩盤之際賺進天文數字的基金經理人。也有一些基金經理人在泡沫化時期進入市場，享受著持續 10 年以上的美國證券市場繁榮期，把沒沒無名的基金經營成當今華爾街資產規模首屈一指的避險基金。雖然歷史上不存在「如果」，金融史上更不該有「假如」，但是把自己放到過去的某個特定時間點，做著各式各樣的想像，非常有趣。

　　我在華爾街經歷史無前例的衝擊和動盪的同一時期畢業了，接著進入到全球經營策略顧問公司麥肯錫（McKinsey & Company）工作。不論是當年還是現在，麥肯錫都是顧問業界中具有領先地位的品牌，也是每年常春藤畢業生們最想任職的公司第一名。

　　經營顧問的工作內容是，針對發出專案委託的客戶端企業問題，提出解決方案，並系統性建立決策過程。如果用棒球來比喻的話，就像是非先發內野手[11] 一樣，無論面對哪一種產業、哪一家企業、哪一個事業部門所提出的問題，都可以迅速掌握本質，

---

11 係指可擔任內野的各個位置，按照教練的戰術與作戰計畫，被安排在合適位置的參與比賽的多用途選手。

依照諮詢框架，向管理層提出問題的解決方案。經營顧問可以提供以提升經營效率為目的的費用節約企劃，也可以提供以進軍新事業為目的的行銷企劃，還能夠提供樹立公司願景或進軍海外市場等諸如此類的戰略方向企劃。以幾個月為單位變換的企劃，思考不一樣的經營問題，向管理層提供戰略解決方案，著實是一件有價值又有意義的工作。在名符其實的顧問業界龍頭麥肯錫的稱號下，與優秀的同事一起絞盡腦汁思考世界級企業的事業策略，看起來風流倜儻。

　　麥肯錫是我的第一份工作，在這裡我接受了有關戰略思維與解決問題等優秀的訓練。身為顧問的思考框架是，發現問題，點出其中的本質因素（factor），尋求所有的解決方案，從中創造出最有效率的解決方法。用這種思考方式，在各種不同事業現場中接受訓練，這些累積起來的經驗，會成為今後不管在任何商務環境中，都可以將其妥善應用的珍貴經驗。我也在麥肯錫任職期間所投入的專案中、從自己負責的產業與功能上，學習到許多事物。後來我成為了投資人，在觀察企業的時候，除了財務分析以外，我還能夠快速看透與了解產業和企業本身，成為了我在差異化競爭上的寶貴資產。

　　雖然我後來選擇走上其他道路，在麥肯錫停留的時間很短暫，但是我給予在麥肯錫工作的經驗非常高度的評價。我的一生中，有無數次與聰明人待在同一個環境下，一起學習、工作和競爭的經驗，但這當中聚集最多聰明人的地方，我想也許就是麥肯錫吧。麥肯錫讓我可以和優秀的同事與上司共事，腦力激盪，並

且讓我熟悉當時我所缺乏的軟技能（Soft Skill）[12]。雖然已經離開麥肯錫超過 10 年，但多虧了麥肯錫，讓我結交了至今偶爾都還可以聯絡並尋求建議的人脈，這一點到現在我還是非常感恩。

但最終對我來說，這份工作仍然不有趣，至少對我而言，這是一份不適合的工作。在利用顧問的思考邏輯，診斷企業問題的方面，我的企業分析方式與觀點壓根就有所不同，因為每當我被分配到特定的企業顧客時，我的腦海裡最先飄過的想法和數字就與他人完全不一樣。身為一位顧問，應該要針對單一主題進行深度思考，從中歸納出解決方案，但是我卻會先確認企業的股價，想了解為什麼比起競爭對手，這家企業的本益比會被低估，想知道管理層目前正在考慮的新事業開發預算有多少，這個規模的投資可以帶來多少的 CROI（投資報酬率），好奇這些將會對股價的上漲帶來多少動能。

我甚至還自行建立假說進行計算。在凌晨下班回家的計程車上，我看著身為顧問不需要看的財務報表與股價走勢，很想問管理層為什麼要在這個時間點買回庫藏股。我本當專注在進軍歐洲電動車市場的 GTM（Go-to-Market 策略）與電池事業的標竿管理之上，但真正引發我興趣的卻是與專案主題毫無相關的電動車零件公司的最新收購溢價和股價動向。從根本上來說，我看待企業與市場的方式和思考邏輯，與顧問的工作相差甚遠。

---

12 係指除了與人交涉的能力、調整人際關係的能力、簡報能力等業務處理上必備的技術領域之外的情緒技能。

經營管理顧問業務範圍（scope）的局限，果然不適合行動主義派（execution-oriented）的我。所謂顧問，不論我們提出的策略實際是否有被執行，專案的尾聲都是以一次性的簡報劃下句號。也許是因為這樣吧，光以「個性不適合」不足以形容的無力感與空虛感，每天都折磨著我。也許這是一個人人稱羨的工作，但處在不適合自己的地方所帶來的焦慮感，以及無法去到我想去的地方所帶來的壓抑感，漸漸開始強烈地束縛著我。對一個21 歲剛出社會的新鮮人而言，這是一份難以承受的煩惱。

什麼？
我們公司不是妳的第一志願？

　　麥肯錫是一家以公司內部導師制文化著名的公司。也許是因為如此，我滿懷著期待，把我的煩惱告訴了公司的資深夥伴（高階主管）。他一開始就直接問我：「妳為什麼要來麥肯錫？」我說我本來的目標是進入金融界，也去了投資銀行實習，但在整個金融業界崩潰的情況下，我只好選擇了第二志願——經營管理顧問。在我看來，如果沒有 21 歲社會新鮮人的純真，這真是一段不可能脫口而出的臺詞。

　　「什麼？！我們公司不是妳的第一志願？」

　　雖然這是一個由前輩分享經驗、指導後輩的場合，但結論是，我竟然把麥肯錫如此優秀的公司當成第二志願，還明目張膽把這種想法告訴工作夥伴，簡直就是傲慢至極的新人 BA[13]，那位

---

13 Business Analyst，商業分析師，麥肯錫裡最基層的職稱，也是大學畢業生進入公司的職稱。

夥伴的表情至今還清楚烙印在我的腦海裡，每次想起我就會笑出來。那個地方充滿著麥肯錫顧問的自豪感，我卻膽敢冒犯這份自豪⋯⋯巧合的是，當天有一場同一個辦公室的 BA 聚餐，結束導師會議後，我去到聚餐的地方，發現大家都相處得非常愉快。我在這些人當中，獨自一個人坐在角落，板著一張臭臉吃著飯。

其實我早就跟其他 BA 格格不入了。跟我同時期進公司的其他 BA 們（同期或是剛進公司 1 到 2 年的前輩）與我的年齡差距比較大，他們大部分都是 20 歲後段或 30 歲出頭，所以大家都把我當小孩看。也許是因為如此，我在 BA 們激烈的競爭中，沒有被當成一位競爭者，反而成了一個人人喜愛、備受照顧的弟弟一般；但在同等的立場上，我也無法跟他們成為可以分享工作問題或職業煩惱的關係。聚餐上我一句話都沒說，默默吃著飯，他們哄著我這位破壞氣氛的老么，拉著我去續攤，但我依然毫不動搖。他們看著連玩也玩不好的我，應該是非常無言吧。但這點程度的識相我還是有的，當我正打算安靜離場，從散落在地板上的包包堆中拿了出我的包包，某個人用腳踢了一個放在角落的藍色旅行包，說著：

「喂，這是什麼東西啊⋯⋯雷曼兄弟？難道這是新推出的布克兄弟假貨嗎？」

那是我的包包。是華爾街投資銀行們發給新進員工、剛結束暑期實習的學生，以及完成招聘程序的學生的旅行包，上面還印有公司的 LOGO。我收到的包包背帶上，就印有雷曼兄弟的 LOGO。我下班後偶爾會去運動，所以都隨身攜帶著球鞋和運動

服，可能是我壓根忘記了，我眼裡看不見的公司 LOGO，就這麼映入他的眼簾。

當周遭的人聽到這番話，開始放聲大笑時，我拿著我的包離開了。也許就是這一天吧，我下定決心要準備換工作。當我認定這裡已經不是我可以再繼續待下去的公司，我就必須盡快行動。所幸華爾街與美國證券市場經歷過一次結構重組與制度改革後，正在逐漸復歸原位。

浮士德式交易

你以為「殺人般的業務量」只是一個常用的譬喻法嗎？華爾街的初級員工們，會因為被非常理的業務量與投資銀行特有的公司文化壓得喘不過氣，時而發生自殺的情況。雖然我隸屬的團隊裡沒有發生這麼極端的案例，但是我還記得，某次我送了一位因過勞昏倒的分析師同事到急診，為了連同他沒能完成的模型一起做完，我為此無法下班回家，通宵之後，我還在中午的會議上報告，就好像沒發生過任何事一樣。

颱風過境般的金融危機事件發生後，華爾街也發生了諸多變化。由於美國政府使用美國人民的稅金拯救了華爾街，華爾街一度成為全民公敵，紐約的氛圍也變了許多，甚至街上還出現以兩件 9.99 美元的價格，賣著印有「I hate investment bankers」（我討厭投資銀行家）句子的 T 恤。由於美國政府的加強版新制度與以前不同，投資銀行的人氣雖然有所下滑，但也正朝著新趨勢快

速進化。短短幾年前登不了排行榜（league table）[14] 的銀行們，把因為收購大型投資銀行進而擴大的資產規模（balance sheet）[15] 當作武器，爭奪著第一、二名的寶座。包含高盛在內，運用自營部門（prop desk）以幾乎與避險基金沒有差異的自有資本做投資的多數主力銀行，都已經放棄了雖然收益性較高、但已成為非法手段的自營交易，開始尋找著新的獵物。強化後的槓桿限制與強制引進的風險管理系統，華爾街的各家投資銀行在業務限縮的情況下，開始向外開拓新市場。但在實務部門方面，不管是過去還是現在，華爾街特有的軍事化組織體系和業務強度，卻原封不動地沿襲了舊體制。經歷迂迴曲折後，成功轉職到投資銀行就業的我，為了踏入華爾街堅守下來的傳統職場，正在通過第一個難關。

首先，我們必須要了解，成為華爾街投資銀行的初級銀行家 [16] 實質上代表什麼意義。所謂的「初級」（junior）就是投資銀行組織裡位階最低的分析師（大學畢業後入職），接下來則是掛著經理（associate）[17] 頭銜的銀行家。在華爾街初級銀行家代表著華麗與悲劇的結合，剛大學畢業，20 歲出頭的分析師，以 2 年的工作合約進入投資銀行任職。雖然 2 年之後必須要離開公司，但

---

14 資本市場上，從事合併與收購（M&A）、首次公開發行（IPO）等股權市場（ECM）與公司債等債券資本市場（DCM）諮詢的投資銀行排行榜。主要以各家銀行掌管的美元規模決定排序，企業們會根據這個榜單選擇銀行。投資銀行業界認為，這是一個攸關自尊心的排行榜。

15 直譯的話就是「資產負債表」，但是從文章脈絡上來說，類似於公司的資產規模。

16 編註：本書中的銀行家（banker），係指投資銀行的從業人員，而非以經營銀行業為主的企業家。

17 係指 MBA 等碩士畢業後入職，或是從事分析師 2 到 3 年後升遷的員工職級。

這確實是對報酬和職涯的保障。剛大學畢業的銀行家，起薪是每年 15 萬美元（約 450 萬新臺幣），但為了達成數百億美元規模的併購交易，他們做著財務分析、進行著估價模型的工作。20 歲出頭的年紀，要為比自己年紀多活了 2、3 倍時間的大企業中堅幹部們製作出顧問簡報。每週工作 120 個小時，也就是每天都要工作 17 個小時以上。假如禮拜六稍作休息，就意味著其餘 6 天都必須要在辦公室待上幾乎 20 個小時。甚至還有些人連通勤時間都覺得浪費，就乾脆在辦公室的地板小睡一下，醒來後再像個殭屍一樣完成 Excel 模型。這樣的生活，在 22 歲的年紀領到 15 萬美元的年薪，根本毫無意義，反正連花錢的時間都沒有，他們一心只期盼著可以好好多睡 1 小時。因此很多人半開玩笑戲稱，投資銀行分析師這個職業，是一種拿靈魂交換的浮士德式交易。

當然，這些分析師也有邁向成功的途徑。只要能堅持 2 年，這些分析師就可以在非常年輕的 20 歲中旬，擁有閉著眼睛也能做出企業行為（corporate action）財務分析或建模的能力，並且具有怪物一般的體力。位在華爾街金字塔頂端的避險基金、私募基金等買方（buy-side）[18] 投資公司，都覬覦著這種類型的人才。所以說，分析師之間有個說法叫做「2+2 Exit」，也就是在投資銀行裡，忍受煉獄般的 2 年，接著再到買方基金撐個 2 年，接下來以休息的概念，回歸校園到碩士進修 2 年，拿到 MBA 學位後

---

18 買方（buy-side）指以投資、資產管理為本業的機構，其中包含避險基金、私募基金、資產管理公司、各種年金等。相反詞是包含投資銀行、證券公司、經紀商在內的賣方（sell-side）。

再回基金公司，升遷到管理職後就能飛黃騰達。以 2 年為週期，每次跳槽身價都會飆漲，年薪從 15 萬美元變成 30 萬美元、40 萬美元……等到成為合夥人等級的時候，年薪就是以百萬為單位計算了。當然，並不是所有人都能踏上成功的道路，就算想走上這條路，眼前的工作強度和壓力也是遠遠超乎想像。不管你是 20 歲、30 歲，還是 40 歲都一樣，永遠擺脫不了華爾街的浮士德式交易。

投行內部第一志願，M&A

　　合併與收購（Mergers and Acquisitions，M&A）是一件賭上企業命運的事情。對企業管理層而言，這是他們職涯中非常重大的計畫；對公司而言，則是攸關到跳躍性成長與提升股東價值的任務。所以 M&A 是一家企業沿革上最重要的事件，不管是收購方還是被收購方的 CEO，都賭上了自己的生死。

　　M&A 基本上就是一樁交易，所以最終的目的就是成交，但這件事並不是在股票契約書上簽名畫押就能完成，M&A 是一連串的過程。想要完成一樁 M&A 交易必須經歷許多過程，每一個過程都至關重要。如果其中一個過程卡關，這筆交易就可能中途喊停。投資銀行家的工作，就是在這所有過程進行期間，分別向收購方與被收購方提供諮詢、推動交易。協商無法進一步推動、收購提議遭到撤回的情況也是屢見不鮮，如此一來，銀行家花費短則數個月、長則數年的努力就會付諸流水；由於沒有成交，也不能收取顧問手續費。這世界上不存在徹頭徹尾都順利無阻的交

易。在徹底進行盡職調查（due diligence）[19] 的階段，銀行家要計算企業的獨資價值、分析各種風險因素、尋求解決方案等，從各方面進行調查和分析。如果你以為這只是跑跑 Excel 模型 [20] 就可以得出的數字遊戲，那你就大錯特錯了。在面臨各方障礙的困境下，我們必須以最大限度可為客戶帶來利益的條件，進行價格協商，因此銀行家們都必須成為談判達人。

M&A 這份工作，對我來說非常具有吸引力，我認為身為一位金融人士，這是一個必定要經歷過的經驗。我到投資銀行任職的時候，毫不猶豫就把 M&A 部門選為第一志願，我的想法是背水一戰、盡我所能，但這一切在人事部負責人的眼裡似乎很荒唐。

「這是怎麼了？部門志願怎麼第一名到第五名都是同一個部門？是不是失手輸入錯了？」

每個部門在每個時期都有他們需要的人才，但是更多時候，他們想選的人，跟申請者想去的部門，經常有彼此牴觸的狀況。所以儘管人事部要我考慮其他選項，但其他二十幾個部門我看也不看，從第一志願到第五志願都填了 M&A 部門。

「我沒有失手，如果不能進 M&A 部門我就不入職了。」

人事部的負責人一定覺得我很狂妄。

「不只有妳這樣，大家的第一志願都是 M&A 部門。如果妳配對失敗，可能哪裡都去不了。」

---

19 從多方面對投資對象進行調查與審查的階段。
20 建立各種財務分析、營業狀況、市場變數所形成的假設，並根據預估的數值，計算特定資產價值等數值的過程，被稱為「跑模型」（run the model）。

雙警策略：
好警察、壞警察

M&A 做為投資銀行之巔，是很多員工都想進去的部門，也是競爭最激烈的部門。儘管如此，我仍然耍著賴，堅持只進這個部門，後來人事部的負責人，直接把眼前的我送上了 M&A 部門所在樓層，他說，如果我真的這麼堅持，就請我直接去 M&A 部門拿錄取信。當天中午開始，一直到下午 5 點，我大概和二十幾位銀行家面了試，最後一場是和兩位擁有應聘決定權的 MD（Managing Director）[21] 所進行二對一的面試。其中一位從我進到會議室開始，就表現得非常紳士，他所問的問題與其說是面試，更像是聊天。他問我為什麼想來投資銀行工作，為什麼堅持要來 M&A 團隊，5 年之後想成為什麼樣的人……等。還做了收購情境的計算測試，但難度非常簡單。

---

21 指執行董事級別的資深銀行家。在投資銀行組織中位階最高，總管數個交易小隊（deal team），是初級銀行家的直屬上司。

「假設收購方企業的股票現在是 30 美元，股票總數有 10 萬股，淨利是 20 萬美元。如果以 150 萬美元收購淨利規模相仿的被收購方企業，這次的 M&A 會對收購方企業的每股盈餘（EPS）造成什麼影響？」

我把眼前自己的履歷表翻了過來，開始在空白的地方寫下數字。此時，在一旁雙手交叉在胸前，一直到剛剛都不發一語默默聽著的另一位 MD，突然神經質地說：

「這麼簡單的問題，為什麼還要拿紙來算？妳連這點程度的心算都不會嗎？看著我的眼睛回答問題。」

我認為心算不是問題，我的目的是想要把自己思考的流程寫在紙上給他們看，但是那位神經質的 MD 可能覺得我是笨蛋。

「嗯……這樣總共會有 15 萬股，所以是二點……六……收購後的 EPS 是 2.67 美元，約 33%……」

我都還沒回答完，那位 MD 皺起了眉頭，開始大聲說道：

「這世上怎麼可能有那麼簡單的交易？重新算。收購方企業的總市值和淨利高出 1 倍，被收購方是海外企業，所以稅率也不同。假設是 35% 吧，然後股權沒有 100% 轉讓，預計部分要以現金和債務籌措，妳講解一下，如果是這樣會發生什麼變化吧。」

其實問題本身並不困難。關鍵在於，在受到壓迫的氛圍下，我要盡可能沉著與保持專業，應付這位一直攻擊著我、似乎正在等著我崩潰的 MD。

他毫不猶豫，故意說出刺激我的言語，那位銀行家一刻都沒休息，緊逼著我。就這樣，當我結束最後一場面試走出大樓時，

太陽早已下山，時間已經到了晚上。當我打算去吃個冰淇淋轉換心情，剛踏進位在附近的店鋪時，手機便突然響起。那是一個我不認識的號碼，但是電話是「212」開頭，肯定是某個人從辦公室打來的電話 [22]。由於有可能是人事部負責人打來的電話，我在手機響第二聲的時候，就立刻接起了電話，結果竟然是剛剛折磨了我將近 1 個小時的那位 MD。他表示，希望我可以加入他們的團隊，他已經跟人事部說好，就等我答應了。

進到公司之後我才知道，公司在面試的時候會進行一種角色扮演，其中一位扮演好警察（good cop），另一位則扮演壞警察（bad cop），我們稱之為雙警策略。實際上，這是警察在審問嫌疑人時經常使用的一種策略。但銀行家使用犯罪審問心理學是有原因的，剛開始以輕鬆的方式讓我們卸下警戒，再經由突如其來的態勢轉換，藉此測試面試者是否會因無法承受壓力而犯錯或崩潰。假如面試者在離開會議室的時候，沒有出現「完蛋了……」的想法，那麼就表示「壞警察」的角色沒有確實發揮作用。而我很快就體會到，這個策略也經常被使用在 M&A 的談判桌上。

經營管理顧問一職無法相提並論的速度感、緊張感、明確數值化的財務報表、談判過程……等，M&A 銀行家的工作真的很適合我。我的生活完全圍繞在我所負責的交易上，好似寄生在辦公室一般。這是一個會使你沒有其他日常生活、相當令人疲憊的職業，所以對有些人來說每天就像煉獄一般，但我卻非常享受整

---

22 位於紐約曼哈頓的辦公室固網電話（landline）都是以「646 −」、「212 −」的區碼開頭。

個過程。我們不像顧問一樣,一次只跑一個專案,而是要同時投入 5、6 場交易,縱使有 10 個身體都不夠用。但是,多虧工作所帶來的成就感與學習,幾年時間感覺轉眼就過去了。

M&A 絕對無法靠書本來學習,每一場交易都是嶄新和截然不同的。假如遇到一個可能毀掉交易的事件,就必須要奮鬥到最後為止,否則交易就會破局。但是這份工作也需要邏輯思考與解決問題的能力,這一點與顧問工作也是一脈相承,歸功於此,我雖然較晚加入這個行業,但工作能力很快就獲得資深銀行家的認可。即便如此,我還是一直很焦躁,因為我比較晚起步,想要盡快追上其他銀行家的經驗值。為了成為一個可以在擁有大量隱藏變數的情況下,計算出被收購方的合理價值並建立相對理想籌資結構的銀行家,我必須要盡可能大量進行交易並經歷試錯。

就職之後,我超越了自己可以承受的極限,自願參加好幾件 M&A 計畫。身體飽受折磨後,也出現了各種異常的徵兆,這段時間我還得了圓形禿,掉了很多頭髮。對於一個 20 歲中段班的女性來說,這也許是一個致命的打擊,慶幸的是,當時我根本沒有談戀愛,反而過著除了辦公室和家以外哪裡都不去的日常生活。除了同事偶爾會取笑我以外,我簡直就過著一種「忘我」的生活。

「喂!!!建一個併購模型(merger model)要花這麼久的時間嗎?!」

我目前正在進行的 M&A,被稱之為 live deal,用來指稱在

中間階段喊停或不了了之，處在乾脆中斷或撤回狀態下的交易。我一進到公司，就很幸運地（也很倒霉）被分配到 live deal 小組。這是我第一次在實戰中建立模型，做起來有點卡，眼前每 10 分鐘就問我做好了沒的 VP（Vice President）[23] 實在忍無可忍，來到的我的座位。他一隻手粗魯地推開了我，坐到了我的位置上，接著搶走我手上的滑鼠，丟到了辦公室的地板上，他說：

「滑鼠？妳還是顧問嗎？搞什麼？」

他的手快速地在鍵盤上游移，檢查著我的模型，我害怕自己計算錯誤，提心吊膽地站在一旁盯著畫面，滑鼠的線被從電腦上拔掉，正在我的腳邊打滾。從事銀行業務，數年來鍛鍊著財務分析與 Excel 建模的銀行家們，會有瞧不起會計師或經營管理顧問的傾向，他們認為這些傢伙不懂得如何正確看財報，計算又慢，特別是拿滑鼠操作 Excel 的行為，簡直令人鬱悶到爆炸。銀行家對於 Excel 的各種快捷鍵與使用方法，甚至比微軟 Office 的開發團隊還熟練。事實上，銀行家對這件事有著一股莫名的自豪感。但是我感到很委屈，這位 VP 是從分析師開始升遷，至今已經從業 7 年的資深銀行家，但我只是一個剛進投資銀行業界不過 2 週的前顧問。

「看來妳真的是一個顧問。」

這個人根本就不知道我從哪裡來，對他來說唯一重要的只有

---

23 直譯的話是副總裁的意思，但是在投資銀行裡，VP 不是一個很高的職級。VP 是 associate 與 MD 之間的中間管理者，主要負責領導實務團隊，扮演著類似於「組長」的角色。

促成這樁大型 M&A 的交易。明天之前一定要建立出完美的財務分析模型，但現在已經過了凌晨 1 點。

「所以呢？抱歉，妳現在是一位銀行家了。」

他用著一點都不抱歉的表情，開始看著我的模型，不到 5 分鐘，他就抓出一個我的計算錯誤。

「妳瘋了嗎？！？！這種東西妳也能錯？妳要我怎麼相信妳給的其他數字是對的？！妳這個ＸＸ……這東西明天早上以前要交，現在都已經幾點了！」

我們小組隔天要向顧客的管理層報告的內容是，將收購金之現金與股票進行各種組合，得出目標槓桿與每股利潤率的各種假設，目的在於向收購方提出最具現實性的數字，從中得出他們可以提出的合理收購價。我熬夜完成的模型中，要根據各種假設計算出收購價格，這個模型必須在早上以前發送給與我們共同負責交易諮詢的其他投資銀行小組，討論出要傳達給客戶的最終數字。由於我們跟對方從交易一開始，對於估價方面的意見就有所不同，每次都鬧不合，每當要跟對方的團隊溝通之前，我們小組VP 的神經就會變得更加敏感和尖銳。

對方是美國銀行的諮詢團隊，這次也毫不例外，對我們計算的合理數值提出了異議。這種情況下，我很明白我要扮演的角色。這是我過去好幾週以來，每天花上 20 個小時建立的模型，已經記住所有數字的我，指出每一個數字，反駁他們的主張。本來說話就快、聲音也大的我，在不用看模型的情況下，即時計算出默背起來的數字，強烈主張著我方的結論。為什麼對特定資產

的現金流量做折價、為什麼清算價值抓得這麼低、為什麼沒有套用他們提出的溢價倍數，我臉不紅氣不喘地進攻，直到對方無法再反駁為止。一起參加會議的 VP 只是在一旁看著，絲毫沒有挺身而出，他只有在我逼得對方小組無話可說的時候，出來冷靜地說一段話而已。

「好了、好了，到此為止。大家都辛苦了。那麼，看來你們對我方的計算應該是沒有異議，我們就決定這樣寄給客戶了，希望日後還可以繼續一起討論與合作。」

雙警策略在銀行家之間的談判桌上也很有效果。

最糟糕的面試，
以及「什麼是投資？」

　　每個人的人生中，都會有數一數二丟臉的時候，對我來說，其中一個丟臉時刻，就是我第一次去避險基金面試的時候。當我開始對投資銀行重複的工作感到無聊時，我透過獵頭公司，收到了一家在華爾街備受關注的大型避險基金的面試邀請。要和不斷登上《彭博社》與《紐約時報》封面人物的明星避險基金經理人面試，光是約好要面試就已經讓我過度興奮，導致我接連幾天都難以專注在工作上。雖然還沒收到錄取通知，但我做著年薪該怎麼談的幸福想像，等待著面試那天的到來。

　　避險基金是華爾街中進入壁壘最高的產業。避險基金與大型LBO（leveraged buyout）[24] 成交時，經常登上新聞版面的私募基金不同，由於避險基金嚴格遵守保密主義，所以除了避險基金經

---

24 以收購方企業的資產作為擔保，向金融機構貸款，籌措收購資金的 M&A 方式。由於收購資金大部分都由貸款而來，所以又被稱為「槓桿」收購。

理人戰略性的媒體曝光以外，基本上沒有任何方法可以得知避險基金投資了什麼、使用了什麼投資策略等細節的部分。

操作以演算法作為基礎之量化交易的避險基金，比較偏好有數學、物理學博士背景的人，所以比起私募基金，從投資銀行跳槽的比例相對較少，因此我也沒有太多業界相關的資訊。對於一知半解的避險基金世界，我懷有無限的憧憬，能夠獲得這個意想不到的面試機會，我興奮到坐立難安。

普遍來說，避險基金的面試要先通過幾關面試之後，最後才會進行投資案例面試（case interview），受試者必須在規定的時間內，針對投資標的建立自己的投資假說，決定要進行 Long（買進）或 Short（賣空）[25]，其中還包含了要建立可以支撐這個結論的價值評估模型，並且要妥善回答基金經理尖銳的提問。每家公司面試的進行方式都不同，有一些要做兩次以上的投資案例面試，有些會要求要在幾個小時內當場完成測試。以後者來說，公司會丟給受試者一臺筆記型電腦，受試者要在幾個小時後、基金經理回到面試室之前，完成模型與投資案例的測試。我收到的是一個小型（small cap）[26] 租賃公司的投資案例，期限是 1 天。

我想證明這點程度的建模算不上什麼。凌晨的深夜裡，我留

25「Long」是看好股價上漲，採取買進部位，選擇買進或持有股票，在股價上漲時賣出。「Short」是看跌股票，採取賣空部位，先借券賣掉手上沒有的股票，等股票下跌時再買進。「Long-Short 策略」就是運用適當分配兩種部位之比例所組合而成的投資組合，最大限度提升報酬率的典型避險基金策略。

26 small market capitalization（小型股）的縮寫，指總市值落在 $300M～$2B 之間的小型股。

在空無一人的辦公室，完成了我在投資銀行工作的這幾年來，非常熟悉的財務模型。我還準備了各種不同的假設，為了報告，我印出數十張上面布滿密密麻麻數字的 Excel 頁面。雖然為了準備面試連覺都不能睡，但因為開心和興奮，我一點也不覺得疲累。面試的時間是早上 9 點，距離現在還有 3 個小時。我在辦公室熬了一整夜，回到家簡單梳洗一下後，拿著西裝外套馬上回到公司，卻看到有兩位分析師已經來上班了。我對我自認為跟我關係最好的湯姆稍作解釋，請他幫忙善後。

「如果 MD 在找我的話，幫我跟他說我去咖啡廳見某個人了，馬上就會回來。但是我不會只消失一下下，而是會消失幾個小時，如果發生什麼事的話，你就幫我敷衍他一下……你會幫我吧？」

湯姆看臉色的功力可是 100 級，就算我不多做說明，他肯定也能猜到是跳槽面試，而且他會為我祈禱「祝我幸運」。

面試的時候，我自信滿滿地開始報告，但時間還不到 10 分鐘，我就已經淒慘地崩盤了。負責面試我的基金經理人用著不耐煩的語氣問我，我的投資分析怎麼會如此短淺和不現實，究竟這些以「假設」之名亂打的數字是從哪兒來的。

「那個……是用共識（consensus）[27] 來帶入假設……」

我用著膽怯的聲音，猶豫不決地回答了他，然而他好似對我感到心寒，就把印有模型的紙揉成一團，朝我站的方向發神經般

---

27 指華爾街分析師的平均預估值。

丟了過來。他告訴我，我所建立的假設有多沒意義，還反問我，如果要用共識來建立模型，那他大可直接讀分析師的報告就好，為什麼還要花大錢聘請我。在銀行作業上完全不成問題、認為是理所當然的方式，在這裡卻完全行不通，我驚慌失措，沒辦法繼續報告，只能僵在那邊。基金經理完全沒有看我一眼，翻著一張又一張我列印出來的模型，嘆了一口氣。當我打起精神，要繼續報告的時候，他完全不給我喘息的空間，又發動了攻擊。

「妳覺得明年的市占率會上升，所以銷售額會增加？妳是怎麼計算市占率的？妳是不是照抄了公司管理層公布的數字？妳有自己計算市場規模嗎？為什麼營業利潤會毫無原因地上漲 1％？還有，妳的 EBITDA[28] 怎麼會跟共識的數字幾乎一模一樣？需要如此大規模資本支出的開發計畫，怎麼殖利率會那麼高？籌資要怎麼做？！出售資產時所用的資本化率（cap rate）[29] 這樣合理嗎？這是妳自己想的嗎？妳有把這些存貨資產和市場上的實際交易做比較嗎？股價這個樣子還要談什麼有償增資……還有，這檔股票不可能成為避險（hedge）[30] 交易，流通量（float）[31] 太少了。妳這樣賣空[32] 的話之後會回補（cover）[33] 不過來。妳是沒想到，

---

28 收益性指標，可以反映出企業經由營業活動賺取獲利的現金創造力。
29 不動產交易時的交易價格，指用來判斷收益價值的指標。
30 指避開風險。但是近期也被用來統稱避險基金的多元投資策略和交易技法。
31 公募市場上流通的股票數量，也是一種流動性指標。
32 預測特定股票之股價將下跌的時候，在沒有持有該股票的情況下簽訂賣出契約，接著等股票下跌的時候，再以便宜價買進該股票，在結算日內把股票歸還給股票所有者，從中獲取行情利差。
33 指為了清算空頭部位而買進股票。

還是妳就是個笨蛋⋯⋯？！？！」

　　他認為只要了解實際股票市場如何運作，絕對不可能提出這種想法，把我的價值評估模型批評得一文不值。1個小時多的時間，不斷對我大呼小叫的基金經理，在最後說了一句：「我們不需要一個不會思考只會算數的人。」接著便甩門離開了進行面試的會議室。精神嚴重受創的我，在他離開之後好像足足呆坐了20分鐘。這是一場最糟糕的面試。

　　這一場令人感到羞愧的面試，我至今記憶猶新。但這也是最棒的一堂課，作為第一次踏入華爾街投資世界的洗禮，我就像是用低廉的價格，上了一堂優秀的課程，當時好像是我第一次站在投資者的立場上，思考企業價值的本質，這與身為銀行家所看待的企業價值，有著從根本上完全不同的觀點轉換。

　　經過這次殘酷的洗禮之後，從那天起，我開始自我訓練，為了要進入投資世界的大門，我首先要培養投資思維。我從最基礎的建立模組（building block）開始，重新拆解這段時間以來一直都是機械式作業的估價模型，從企業 CEO 的觀點、CFO 的觀點、私募投資人的觀點、股票投資人的觀點，以及避險基金經理的觀點，把組成企業基本面的所有區塊區分為策略、財務、與經營層面進行思考。我按照市場的各種變數進行多方分析，開始訓練自己思考我所下達的合理價結論是否足夠現實，以及思考相對的投資部位類型有哪些。這是一場新的思考訓練。後來，我在準備充裕的情況下，多次挑戰避險基金的面試，最後成功跳槽到了紐約的一家多空（equity long‧short）基金。

PART

2

華爾街的
自然節律

極限競爭的
最前線

「You're not that smart. Once you acknowledge that, you'll be able to make it with your sanity intact.」（你並沒有那麼聰明。當你能夠承認這一點，你就可以在保持理智的狀態下，順利走上成功之途。）

到避險基金任職的前兩天，晚上朋友們說要慶祝我跳槽，請我喝酒。他們調皮地說，要恭喜我終於脫離投資銀行的奴隸生活，為了不喜歡喝酒的我，一口氣點了 4 杯看起來很華麗的雞尾酒。對於踏入新世界有著期待、但又有過不少恐懼經驗的我而言，上面這段話聽起來一點都不像玩笑話。在那裡，有著大學畢業就進到避險基金工作、買方投資經驗已經 10 年的同事；還有雖然比我小 3、4 歲，但幾年前就已跳槽到避險基金，持有可以

進行酌情交易的專屬帳簿（book）³⁴、管理著幾十億美元資金的同事。我花了一點時間才知道，那天同事半開玩笑的話語並不是為了逗我玩，而是真心誠意的建議。

在華爾街，按照現金流的不同，存在著非常明顯的階級優劣。像避險基金這種買方機構，在華爾街裡位於金字塔頂端的最上層階級。由於避險基金可以利用龐大的資本撼動市場，所以對於承辦這筆資金並從中獲利的投資銀行、經紀商、賣方交易員，以及必須要跟可以控制股價的避險基金經理打好關係、做好應對的無數企業管理團隊而言，避險基金是絕對的甲方。但是，仔細觀察金字塔頂端，就會發現他們為了重新站上頂點，或是為了不要從好不容易登上的狹窄頂點上摔落，每天都在拚命掙扎，展開激烈的生存之戰。華爾街的避險基金世界，是圍繞著一個名為Alpha³⁵的獵物，所展開的最頂端之捕食者的戰爭。他們為了不從金字塔的頂端摔落，不斷地追著 Alpha 跑。那地方之激烈，是自認生活過得很激烈的我，也難以想像的程度。

---

34 雖然根據脈絡不同會有不同的意思，但最廣泛被使用的意思是，記錄管理資金與交易紀錄的「帳簿」。這個與統計交易員的收益、虧損、風險接受度的損益表（P&L account）不同。有的時候，交易員所交易的金融商品和產業也會被稱為「book」，例如負責原物料商品的交易員 book，就是指原物料產業市場。

35 所謂的避險基金，是透過投注市場動向與獨立變數所產生的投資收益。Alpha 與 Beta 不同，指無關乎於市場的獨立變數所帶來的收益，也就是超出市場收益的報酬率。舉例來說，當市場的年報酬率是 8％的時候（Beta），假如有一位基金經理人的報酬率是 10％，另一位是 13％的話，就代表第一位基金經理人的 Alpha 是 2％，第二位基金經理人的 Alpha 是 5％。所以說，Alpha 代表的是基金經理人的能力。避險基金的存在，就是要將 Alpha 最大化，實現無關於市場走勢（Beta）的「絕對收益」。

學徒時光

　　由於金融業的特性，華爾街大多數的職業都是經由學徒式教育培養新人的實務能力。以投資銀行分析師來說，在被分配到工作之前，要先接受 2、3 個月的實務訓練，從基本的會計、財務概念開始，接受實際工作上需要的各種金融建模教育。後續加入實戰工作的時候，就會在小組上司，如 associate、VP、MD 職級的資深銀行家底下進行實戰考核。透過實際進行交易，從有經驗的銀行家底下慢慢學習，逐漸累積實力，也可以從同期入職的分析師，或是從相差 2、3 年進公司的前輩身上學習，彼此教學相長。但避險基金就有點不同了。避險基金不像大型投資銀行一樣具有系統化的訓練。雖然有從年資較高的分析師 [36]、交易員、投

---

36 避險基金分析師，也被稱為「買方分析師」，與投資銀行的分析師完全不同概念，職級體系也不一樣。避險基金業界除了 PM 以外，其餘普遍都稱為「分析師」，然而投資銀行的分析師指的是剛入職 1、2 年的最基層新進人員。

資組合經理（PM，Portfolio Manager）[37] 身上學習的學徒式教育，但這裡與以小組為單位行動的投資銀行家不同，避險基金分析師完全是獨立作業，沒有同期的概念，也沒有一起工作的小組，就是一場自己與市場的戰爭。

上班第一天，歡迎我的是我從未使用過的彭博（Bloomberg）終端機 [38]，與一封公司內部的電郵，裡面寫著給什麼都還不會的我的第一個任務。

郵件標題　Sears	06:02 AM
↳ 內容：Short?	

任用我的 PM 出差去籌資，不在公司。他理所當然地留下一封簡短的電郵，好像以為我會自己看著辦，發信時間是早上06:02。這……我雖然已經很早到了，但我第一天的上班時間是 7 點半，而我的上司卻在凌晨 6 點就寄了工作分派的電郵給我……第一天上班就這麼不容易啊。

---

37 避險基金總負責人兼基金經理人代表。PM 負責所有投資部位的最終批准，以及負責對分析師、交易員進行成果評價、人事考核。大致上從基金的成立開始，一直到募集投資人、進行投資、資金回收，親自負責基金的所有過程，是基金中的最高決定權人。PM 是誰甚至會影響到基金募資的成敗，所以 PM 過去的管理成績和業界評價非常重要。本書所提到的基金經理人（避險基金經理人）就是 PM。
38 指彭博有限合夥企業獨家提供的交易軟體。

　　西爾斯（Sears）是一家擁有美國大型連鎖百貨的零售企業，他似乎是要我做企業分析，看看西爾斯是否可以被列為賣空的標的。作為銀行家，進行合併與收購交易和談判的我，一夕之間就來到股票市場，必須要分析時時刻刻都在改變的股價，並進行基於股票之上的企業分析。我登入了還不熟悉的彭博，開始下載並瀏覽著西爾斯的最新公告資料和財務報表。埋首在一堆數字裡，第一天上班的緊張感蕩然無存，在數字帶給我的熟悉感下，讓坐在位置上的我漸漸感到放鬆。此時，一位在辦公室對面櫃檯觀察著我的分析師，突然走過來向我打招呼，他說自己叫麥斯，是一位從業第五年的分析師，已經擁有可以直接交易的帳簿，主要看的是抵押貸款股。當我說出自己原本是銀行家，第一次進到避險基金業時，麥斯露出一種「我終於知道了」的表情，大笑著說：

　　「那妳應該什麼都還不懂吧？！難怪……我想說妳怎麼會把彭博的畫面維持在原始設定上。妳知道彭博要怎麼用嗎？」

　　「不知道……其實除了在銀行偶爾要找 LIBOR 利率[39]的時候以外，我沒怎麼用過這個軟體，我只知道要怎麼下載股票圖表和財務報表而已。」

　　「妳現在在看什麼？ SHLD ？那妳可以跟 SRG 一起看。我最近也在看 CMBS（商業地產抵押貸款支持證券）的抵押貸款。目前 CMBX（以 CMBS 作為標的資產的指數）做空的價格看起

---

39 英國主要銀行之間的短期利率。一般來說，國際金融市場上，機構之間要進行資金籌措時，主要會使用 LIOBR 利率作為貸款利率。

來還不錯，西爾斯現在應該也可以進場賣空。再從 SRG 對沖的角度看一下。這些大多主要都是交換交易 [40]，所以妳可以試著以 CDS 價差最大的股票為主做比較。」

　　一瞬間，我還不熟悉的股票代號（ticker）[41] 與交易思路從他的口中傾巢而出，我整個退縮了起來。2 分鐘之前，我甚至還不知道有可以對沖 CMBS 的商品存在；對於不在自己責任範圍內的股票，他怎麼比身為負責人的我還更了解……為了隱藏自己的畏縮，我假裝游刃有餘，小口小口地喝著咖啡，在我一旁的麥斯看著彭博終端機，動了各種設定，很快的，十幾個數字絢爛跳動的畫面就填滿了 4 臺螢幕。有一角是我負責的產業底下的所有股票（約 250 檔個股），旁邊是西爾斯的股票圖表，下方 2 臺螢幕上充滿了美國購物中心與各種零售企業的商業抵押貸款債券的滯納率。

　　「Look. Beautiful, isn't it?」（妳看，漂亮極了，不是嗎？）

　　麥斯看著畫面目不轉睛，自言自語地說。他看著無數家百貨與購物中心公司，因為財務惡化導致不動產抵押證券滯納率出現密密麻麻赤字的畫面，說這個畫面很漂亮。我只有適當的給了回應，然後指著 6 臺螢幕中剩下的 2 臺空螢幕問道：

　　「這 2 臺螢幕要放什麼內容比較好？」

　　他好像覺得，這種問題還要問嗎，噗呲地笑了一聲，回到原

---

40 指彼此相互交換以不同利率或貨幣標示之負債。
41 係指美國股票市場上用來標示股票的字母組合。

位說：

　　「妳建立的模型。妳之前是銀行家的話，應該很擅長建模吧？」

重置，新的開始

　　從投資銀行 M&A 銀行家轉職為觀察市場的避險基金分析師，這代表我要跨行進入完全不同領域的世界，從最底層重新開始。對於不屬於金融圈的人而言，我們感覺在做差不多的事情，但其實我們處在截然不同的世界。從廣義來說，這兩者的主要工作都是「企業分析」，但是分析的目的（objective）、執行過程、觀點卻是千差萬別。

　　向企業提供財務、策略性諮商與交易執行的投資銀行，與負責管理和投資外部投資人委託資金的避險基金，本來就不可能一樣。這兩者從看待企業價值的觀點就不同。當時的我只是一個好不容易通過面試這個第一道關卡，剛踏入投資世界新手，真正的遊戲現在才剛開始。但是我擁有這幾年來，華爾街所教給我的必勝技──「承認自己什麼都不懂，不懂的話一定要問到懂為止」。

　　這個地方沒有系統化訓練，也沒有可以互相提問的同期，想要在保有自尊心的同時，又可以在這片叢林中生存下來的方法只

有一個——找到願意教我的導師。

避險基金分析師的主要工作是挖掘投資標的、分析標的企業。公司會賦予年資較高的分析師可以動用資產直接進行交易的權限，他們有一張要自行為收益與虧損負責的 P&L（profit and loss）。對於身為新人的我而言，這是一個未知的世界，幸虧公司沒有打從一開始就賦予這種權限與責任給尚未成熟的我。我只要一有空檔，就會向坐在我旁邊、比我小 3、4 歲的分析師，詢問各種問題，例如以他們以過去投資案例為基礎的投資策略與報酬率、估價模型在各種情境下的部位建立、各種避險商品類別的策略……等，要了解的東西實在太多了。為了學會如何讀懂市場與股價的走勢，以及應對進退的方法，我追著在盤中早已忙到焦頭爛額的交易員跑，間接學習他們對每一次交易的洞見，以及他們所領悟到的交易兵法。

我們除了基金內部的自行交易以外，委託給主要經紀商（prime broker）[42] 的數量也很多，每個產業都有各自負責的交易員，對他們而言，包含我在內的基金分析師與交易員，都是如顧客般的甲乙關係。我後來才知道，我剛進到基金公司工作後，因為我連在分秒必爭的緊張時刻也不假思索、不分時間打電話問問題，非常煩人，所以有很多交易員都設定了自動答覆（拒接）裝置，只要電話上出現我的號碼，就自動轉接給助理。雖然對他們有些抱歉，但當時的情況緊急，我顧不得自己的面子，也沒有空

---

42 係指提供避險基金所需之金融服務的金融投資公司。

管什麼自尊心。就這樣，我不管在公司內部還是外部，都逐一找到了導師。

我第一次踏入華爾街之後，雖然下場狼狽不堪，但多虧有這些優秀的導師們，我才能夠再次站起來，繼續成長。雖然這個舞臺上充斥著的是互不相讓、殺氣騰騰的競爭，但是這當中一定也有願意引領我的人。所以我也在自己能力範圍所及，指引我的後輩，作為對他們的報答。這件事，只要我還待在這裡的一天，就會持續做下去。

「我不知道妳的腦袋有沒有特別靈光。這裡可是華爾街啊，聰明人多的是，但我知道妳應該不是笨蛋，所以就努力去試吧。」

某次我在辦公室的走廊上遇到一位 PM，我沒頭沒腦地就邀請他跟我喝咖啡聊聊天，我跟他說我已經進公司 1 個月左右了，可不可以稍微給我一些反饋，他就對我說了這段話。我打從一開始就不期待他會稱讚我，還很擔心自己會不會被說很蠢，這樣的反饋已經很不錯了。即便聽到他說我腦袋不太靈光，我的心情還是很好，甚至觸動了我莫名其妙的興奮與好勝心，一心只想快點適應這個世界，在投資成果上備受認可。為此，我必須忘記此前以來的經歷，從基層重新開始。當時的我 29 歲，在 20 歲的尾聲，我站在好像要重新開始點什麼的出發點上，感覺神清氣爽。

用來評價我的
唯一數字

以投資為職的這些人，被最嚴苛的標準給衡量著。不論是管理數千億美元的明星基金經理人，或是在剛上市的小型基金工作、還沒沒無聞的交易員，這世界用來評價他們的數字只有一個——報酬率（returns）。

避險基金的「目的」（*raison d'être*）[43]，就是要無關乎市場的變動性，在任何情況下都要保持一貫的報酬率。不管股票市場是牛市還是熊市，報酬率是用來評價我的標準，是用來驗證當天我的投資組合在市場上表現的唯一數字。在追求絕對收益這個殘忍的大前提下，管理避險基金的基金經理與交易員，無法對自己的報酬率多做任何辯解。

我所屬的團隊是私募基金公司內部各項策略部門中，專門負

---

43 法文，意指「存在的意義」。

責不動產實物資產與北美市場投資的避險基金。[44] 由於公司內部同時存在私募與公募投資，基於法令遵循，也就存在著「中國牆」（chinese wall）[45]。雖然在工作方面，我不能跟私募基金的團隊交換資訊，但只要內容不涉及到有關法律問題的內線交易（insider trading）[46]，我還是可以跟他們互相交流對市場的看法，私底下也可以深交。我們辦公室的結構也是用一大塊的玻璃牆，把交易大廳一分為二，一邊是私募基金團隊，另一邊則是一整排避險基金交易團隊的辦公桌。

我跳槽到投資業界的時間相對較晚，所以我必須要跟剛畢業就進公司，或是在投資銀行待滿 2 年就立刻跳槽的年輕人，從同一個職級開始爬起。我的位置座落在辦公室正中央的其中一個辦公桌。交易大廳存在的目的，是為了提供一個同事之間可以隨時溝通的開放空間，所以員工隱私打從一開始就不在公司的考量範圍內，但是這對喜歡待在獨立空間專注思考的我而言，有好一段時間很難以適應。後來我決定積極去接受，這就是一個強制（？）讓同事之間相親相愛的友善環境，也因此我很快就與辦公室的同事們親近了起來。

隨著年資的增長，位置也會被搬到大家認為是好地方的辦公室牆邊或角落；成為合夥人等級之後，公司就會乾脆為你準備一

---

44 避險基金廣義來說也是私募基金的一部分，所以美國大型私募基金公司經常會自行成立在公開市場（public market，所謂的股票市場）進行投資的避險基金小組。

45 係指金融公司為了切斷各部門或子公司之間的資訊交流，所設立的裝置或制度。

46 利用僅限於內部人士的資訊進行交易實現獲利的行為，毫無疑問是一種犯罪，也是美國金融界人士可以犯下的最高水準之犯罪行為。

間被稱為「角落辦公室」（corner office）的個人辦公室，包含我們小組的 PM 在內，公司內部的所有合夥人全部都配有祕書，以及四周被玻璃包圍的辦公室。由於大樓外圍的牆壁也都是玻璃，所以有些辦公室的位置可以俯瞰華麗的紐約第五大道，或是可以把中央公園盡收眼底，是一個可以觀賞壯麗風景的好地方。

另一邊隔著一面玻璃的私募基金團隊，跟我們之間的差異只有公司配給的螢幕數量不同而已（他們只需要 2 臺就夠了，因為他們不需要監控市場與提出交易訂單），結構上幾乎一樣。雖然我們稱之為玻璃牆，但其實它並不像真的牆壁一樣，完全從天花板被隔開，反而比較像是一個稍微高一點的隔板，我們不僅可以看到另一個團隊在做什麼，甚至還可以隔著牆壁大聲談話。偶爾午餐時間，嘴巴咬著三明治，走在每張桌子的列與列之間，聊天詢問同事的近況，就會獲得一些有趣的回答。避險基金團隊與私募基金團隊之間截然不同的回答方式，完美詮釋了兩種行業不同的屬性。

首先，當我依序經過避險基金管理人員座位時的情境如下：

我	還好嗎？今天順利嗎？
交易員 1	Up 53 bps[47].（從開盤到現在報酬率 +0.53％）
交易員 2	I'm flat.（不上也不下，橫盤中）

---

47 編註：基點（basis points），利率／報酬率變動的最小計量單位，1bps 等於 0.01％。

交易員 3	Down 180 bps. Down!（目前 -1.8％，是負的！）
我	要幫你買三明治嗎？
交易員 3	別跟我說話，這樣我不能專心。
分析師 1	妳別理他了吧，顆顆。我最近在看飯店企業的股票，妳之前不是有飯店企業 M&A 的經驗嗎？可以幫我看一下我的模型嗎？這家公司好像馬上要被收購了，股價好像會漲。
交易員 3	Down 197 bps... 他媽的。
路過的 PM	什麼？剛剛是誰在說話？現在市場是 +50bps 耶，哪個傻子績效是負的？

就像上述一樣，我們被濃縮成一個數字，它是我們的業績、當天的心情，以及世界給我們的評價。

經過玻璃隔板，畫面轉到私募基金團隊的位置，倘若詢問他們的近況，就會得到完全不同型態的回答。

我	你最近過得好嗎？
分析師	嗯，我們最近在考慮要收購（buyout）物流公司，現在要競標，有點忙。
我	這次是在哪一檔基金買進？
坐在對面的 VP	在 5 號基金買進。
我	是喔……那這檔基金到目前為止的報酬率怎樣？

分析師	還不知道，離清算日還有 4 年，7 年的預估報酬率是 15%。
路過的 MD	我叫你今天之前完成的募資資料做好了嗎？這次募資是攸關未來 7 年是否能夠穩健的重要工作，不是叫你快點做嗎？馬上交過來給我。

　　不碰股市的他們，不需要時時刻刻和市場報酬率展開競爭。他們在長達 7 到 10 年的長期投資期間內，進行各種投資項目，在最終退出（exit，回收資金）投資標的公司、實現投資收益之前，基金的最終報酬率都不會被統計出來。所以當值得躍上新聞版面的大型交易成交時，基金經理人的名字就會受到討論，備受關注。由於重點在於成交的規模，所以他們可以盡情虛張聲勢，炫耀著「我經手過幾十億美元規模的交易呢」，他們的投資報酬率必須要數年之後才會揭曉，社會對他們的評價要屆時才會知道。他們即使投資失利蒙受虧損，也有很多方法可以辯解，例如「競標太激烈」、「我們沒辦法預測到這幾年內的產業趨勢會變化得如此快速」、「管理層沒有能力」……諸如此類。

　　反之，在避險基金從事股票投資的人，沒有任何藉口，如果我的報酬率表現不佳，那就全都是我的問題。如果市場不給力，那也是因為我錯過市場時機所犯下的錯，我們每天都受到市場殘酷的評價，因為一個數字而悲喜交加。

在天才之間，
也有普通人的立足之地

如果把成功的概念以方程式總結的話，大概是：

社會上定義的「成功」＝ f {頭腦（才能）、背景、人、運氣、努力}

以上述 5 種變數複合作用的五次函數。雖然成功沒有固定的公式，但是一般我們對「成功」的定義，都是由社會形成的概念，所以我認為這些變數在某個層面來說，也已經有達成社會共識。遺憾的是，在上述提出的 5 種變數中，有 4 項是出生時就已經決定好的數值，因為我們無法自行控制，也不能自由地做選擇。

第一項是頭腦，也就是我們常說的 IQ，智商可以靠後天提升，但是存在著明顯的極限，所以應該被視為是先天的條件。除了 IQ 這項數值以外，無論是學習、藝術、音樂、運動，在某個特定的領域擁有優秀的能力，都可被視為是與生俱來。背景則是

由父母、家世、兄弟姐妹等條件所形成的環境，這也不是我們能夠選擇的條件。我們可能在財閥世家長大繼承財富，可能生活貧困連上學都有困難，也可能在中產階層的家庭中平凡成長；又或者我們有和睦的家庭環境，或因家庭不和睦而經歷過不幸……我們都只能在被指定的環境中成長。每個人都有所謂的「天性」，這是一種基本的傾向，是一種個性，雖然我們可以從後天改善，但是不管怎麼說，我們個人的核心（core）和氣質都是與生俱來的。運氣所指的就是人類無法控制的無數種變數，時機、人際關係（經常被稱作人緣）……講白了就是「運氣」，這世上有很多人因為這 4 種條件，可以輕輕鬆鬆獲得機會，或享受功成名就。

那麼就只剩下唯一一個變數——努力。除了努力以外的其他條件，我也都稱之為「變數」，但大致來說他們應該是「常數」，因為它們有著無法按照我的想法被加以改變的特性。然而努力就不同了，它完全取決於我自己的想法。當然，努力本身並不具備保障。也許這是 5 種變數中，對成功造成影響最小的變數，但在成功的各種變數中，至少有一項是我可以自己掌控的，這是一件多令人感恩的事啊。

很可惜的是，前面羅列的 4 項變數之中，我沒有擁有任何一項優勢。腦袋？我只是在會讀書又聰明的人之間求生存，我不知道自己是不是有特別聰明。背景？與其說是平凡，貧窮好像更貼切。我沒辦法跟朋友一樣去補習班，只能向父親學習英文與數學，後來大部分還是自學。人？基本上我個性不太活潑，沒辦法建立廣闊的人脈，並加以運用。運氣？我的運氣完全說不上

好，從來沒有不勞而獲的經驗，想要什麼就必須拚命奮鬥才能擁有。但說到努力，對於努力這項變數，我可以充滿自信地說，我已經做到了我所能做到的最大值了。在這 5 種變數之中，無奈我在其中 4 項都沒有過人優勢，所以至少我要把最後剩餘的一項做到極限值，才可以接近所謂成功的函數。

我這麼努力、披荊斬棘一直走到了現在，但當我踏入華爾街避險基金的世界開始，我的成功函數卻開始出現問題。一直以來，我只要全神貫注在努力這項變數上，不管在哪個組織裡，我都可以保持在前段班，在這個地方卻大不相同。除了我以外的人，在 5 種變數中都擁有極大值，不僅腦袋非常好，出生於世世代代一起走過華爾街資本史的名門世家，在最好的學校接受最好的教育，同時擁有財經與政治界的華麗人脈，具備著可以輕鬆融入上流世界的個性與禮儀。最重要的是，他們比任何人都更拚命。他們不僅有著與生俱來的才氣和環境，甚至還非常努力，簡直超乎常人的想像。

我到底要怎麼樣才能贏過他們？別說是贏了，只要不落後就已是萬幸。避險基金世界，在華爾街裡的入門門檻最高，這也是有原因的。這裡真的就好像是把全世界最優秀的人都聚在一起的地方，也許正是因為如此，不知從什麼時候開始，想要戰勝某個人的想法自然而然從我的腦海中消失了。擺脫掉總是要跟某個人競爭、比某個人優秀、贏過某個人往上爬的強迫性觀念後，我反而舒坦多了。反正在這裡，相對評價沒什麼用處，我要競爭的人只剩下我自己。去華爾街上班的每一天，我只希望今天的我能夠

比昨天的我更好、更有所成長。

那麼接下來，我們再試著用函數來表示成功的投資吧。

投資報酬率＝f｛時間、風險、原則、動能、運氣｝

跟人生的成功方程式比起來，這裡的固定變數就少多了。除了「運氣」這一項可以應用在世間萬物、而且無法被預測的變數以外，其餘的我們都可以在一定程度上進行控制，或做出合理的應對。所謂的「運氣」，是指時機、市場整體的景氣循環、政府政策等外部宏觀因素，以及無法預測的產業趨勢變化、政治變數等，這些部分運作跟投資者的能力無關。一般來說，投資時間愈長、風險對沖做得愈好、愈能遵守投資原則、愈能看懂市場動能、建立相對交易的直覺能力愈強，投資的報酬率就會愈高。相較之下，比人生成功函數來得簡單許多。但如果這件事真的那麼簡單，世界上應該就有更多人可以透過投資獲利，所以我們可以知道，事實並非如此。

華爾街的投資世界，也隱隱約約地告訴了我們，在具備一切條件的天才之間，一定也有著跟我一樣極其普通的人可以立足的地方。擁有一切的他們，在「市場」的這個舞臺上，也必須不斷保持謙虛（humble），這項事實帶給了我些許的安慰與鼓勵。

投資裡最重要的關鍵
就是人

　　人生對每個人來說，都是接連不斷的選擇與判斷。只不過在華爾街，判斷失利的代價非常殘酷。華爾街裡，有著因為一次投資獲利，獲得天文數字收益，一口氣躍入名人堂的避險基金經理人；也有著因為一次投資判斷失利，從此無法東山再起的基金經理人。而且，一旦有一次跌到谷底的經驗，就很難再喚回市場與投資人的信任，自然而然就會遭到淘汰，而新進的基金經理人，很快就會補上這個位置。在我為期不長的就業生涯中，我見證過無數次這種自然消亡與成功的循環。在快速且毫不留情的投資生態界評價循環裡，每當我想到自己能夠走到哪裡、走到哪個時候，就會無緣無故地意志消沉。

　　我的第一筆投資是賣空西爾斯的股票。這檔股票牽扯著無數華爾街巨頭與自我（ego）的衝突，也是當時轟動股票市場的事件之一，實在不得不提一下背後的故事。我第一次看到西爾斯這檔股票的時候，西爾斯近 5 年的累積虧損已經超過 100

億美元，負債已超過總市值，情況相當危急。西爾斯為了重建（turnaround）[48]，把經營權交給了曾為最大股東的避險基金經理人愛德華·蘭伯特（Edward Lampert），避險基金經理人為了挽救自己投資的公司，甚至還兼任執行長。蘭伯特曾被譽為「新世代的華倫·巴菲特」，是華爾街的明星基金經理人。他與美國前財政部長史蒂芬·梅努欽（Steven Mnuchin）從耶魯大學時期就是室友，還一起進入高盛工作，以菁英班的職業生涯和結合財政兩界的華麗人脈聞名。短短 2 年就從高盛離職的他，25 歲時就成立了一家以自己名字命名的避險基金，他在基金經理人的路途上乘勝長驅。但自從他於 2002 年收購 Kmart[49] 後，他的投資與基金就開始朝反方向發展。Kmart 是蘭伯特收購西爾斯後所合併的美國零售商，可說是後來西爾斯控股公司的前身。

　　因此我開始慢慢觀察著這支為西爾斯不幸之史拉開序幕的 Kmart 股票。幾週以來，我埋首在過去幾年的公開資料、各種輿論報導、競爭對手的資料、華爾街分析師的分析模型……超過數千頁的企業分析資料，但是愈深入了解就發現愈多令人費解的地方。最令人訝異的是，從 2008 年開始，這家公司被拆分成 40 個以上的獨立部門，他們必須個別對業務執行與業績發表進行報告，最後公司還在業務執行期間，要求各部門間簽訂法律契約，或是為了取得公司的補助金而相互競爭，讓公司內部各個部門變

---

48 係指經由營運、財務的變化，將經營不善停滯不前的組織轉虧為盈的經營策略。
49 美國的大型低價折扣商店。

成像是在和其他競爭公司相互較勁一般。公司會根據各部門的獲利與虧損金額分級發放獎金，在這個鼓勵各部門之間過分牽制與競爭的環境下，引發了蠶食現象（cannibalization），導致收益性下滑。甚至各部門還開始重新選拔各自的管理層，使得原本應該集中用來改善營業虧損的資金，被當作是管理層的報酬，不必要的支出像雪球般愈滾愈大。對此，蘭伯特的立場始終如一，他認為在極度自由競爭的環境下，唯有提高業績獎金，才能夠在短時間內做出經營改善，並將經營效率化。

「這是什麼艾茵・蘭德（Ayn Rand）[50]式的經營風格……」

我實在拼湊不出蘭伯特所畫的大方向。為了讓公司轉虧為盈，以救世主身分站出來的蘭伯特，即便他所執行的經營策略完全沒有獲得有效驗證，但是在每次的投資說明會與季度業績報告上，他的立場都完全沒有改變。

當西爾斯投資案上呈到投資審議委員會[51]階段時，我小心翼翼地提出了賣空論據。雖然當時蘭伯特動用自己本人所經營的避險基金資金，直接為西爾斯的周轉費用進行輸血，但若是單純只因為他的經營方式存在爭議就進行賣空，是具有危險性的選擇。PM看著我的報告書中，對各種情境的財務狀況與最終股價走向的建模，他確實想對這項危險的投資進行對沖。

賣空最大的風險在於損失可能會是無限大。從理論上來說，

50 主張徹底的自由市場經濟與客觀主義哲學的俄羅斯小說家兼政治、經濟、哲學家。
51 係指分析師所分析的企業投資與否，需要獲得基金經理人與其他小組成員最終認可的審議委員會。

做空沒有最大虧損上限，原因在於股價沒有上限，假如股價不斷愈漲愈高，虧損金額就會無限放大。反過來說，賣空的狀態下，買進的金額愈低，報酬率就愈高，但股價不可能成為負數，所以預估報酬率最高就是 100％。當西爾斯的股價跌到 0 美元，就表示西爾斯被認為無法再起死為生，為了償還債務，必須透過資產結構重組，將公司進行清算。在這過程中，其股票投資人分不到任何一杯羹，股價會跌至 0 美元，然後被退出交易所。因此，在放空的時候，這一連串的事件必須存在絕對獲勝的概率。假如西爾斯成功重組，股價開始持續上漲，選擇做空的避險基金就必須承擔無限大的虧損，這也是為什麼放空的成功概率比較低，而且投資執行過程更加困難的原因。但我來到這裡的第一個投資項目，偏偏就是賣空……對於還沒有養成看市場的眼光、對股價的感覺還不夠、對交易的直覺也還不足的我而言，能夠做的，就是盡最大努力做好充足的基本面調查。當時的我只懂基本的東西，反而可以更落實基本面分析，對 PM 的擔憂也提出了對策。

「不久前，有一家從西爾斯拆分出來的不動產公司，它是一家由之前 Kmart 與西爾斯所在的土地與不動產所組成的 REITs[52] 企業，從不動產的清算價值來看，足以對目前的股價進行防禦。在這家不動產公司上做多的話，就可以用來對沖做空的風險。」

「妳確定有算對嗎？如果妳說的是對的，那他們當初為什麼要拆分？」

---

52 係指不動產投資信託公司。

　　我指著報告裡逐一計算兩百多筆不動產資產的資本化率與最低出售價值的頁面，開始娓娓道來。「零售業的企業價值應該來自於營業部門，如果是以房地產價值為主，那就太不像話了，這不就是本末倒置嗎？」但蘭伯特主張西爾斯的企業價值就應該如此，所以他在進行企業分割、劃分其他各個事業部門的過程中，將不動產拆分為另一家不動產投資信託法人。這導致西爾斯甚至必須要利用從其他分公司獲得的收益，來支付不合理的租賃費用給拆分出去的 REITs 公司。

　　投資審議委員會的功能在於，在投資進入最終批准階段之前，要持續對投資的論據提出反問，直到沒有理由不執行這項投資為止。持續超過 4 小時的投資審議，對企業復甦的可能性連 1％ 都不放過，仔細分析著我的計算公式，最後終於找出了漏洞。

　　「這裡面有包含西爾斯可能跟亞馬遜成為 JV 夥伴（合資公司）的預測嗎？聽說未來西爾斯的汽車中心將會允許更換和安裝在亞馬遜上銷售的輪胎，今後還可能會簽訂汽車電池與其他零件的銷售協議。如果西爾斯以這個方式拓展事業版圖，會對股價造成什麼影響？」

　　我必須當場計算出沒有準備到的部分，計算營業改善的可能性，並換算股價。面對接踵而至的攻擊，我忙著在 Excel 試算表之間來回計算，說服 PM 以及其他投資人員。不知不覺間，剛進這行才 1 個多月的我，竟開始批評著避險基金巨頭蘭伯特的經營風格。

　　「蘭伯特最大的問題在於，他拿自己經營避險基金的方式，

來經營西爾斯這樣的零售企業。」

我把充滿密密麻麻數字的投資審議報告放在一旁，在會議室長桌的尾端轉過身來，說出了這句話。我意識到必須真誠地評價這位 CEO 錯誤的策略，會對正在重建的企業造成多致命的影響。

「蘭伯特不是已經追加超過 10 億美元的資金援助了嗎？他為了追上競爭對手還直接從自己的基金中籌資。所以費用節約計畫進行的狀況如何了？」

「蘭伯特並沒有放手不管。他為了節約費用，這段時間以來做了很多事。」

「但是？」

「問題在於他推動的方案反而使公司的虧損不斷增加。」

「舉例來說？」

「他沒有選擇在賣場中加入具備競爭力的商品，反而是為了避免存貨堆積，選擇縮小賣場規模；他沒有把老舊的賣場翻修、選擇重新投資開發，反而是以節約費用為目的，乾脆關閉賣場。他的行動跟亞馬遜與其他競爭的零售業者背道而馳。沃爾瑪、目標百貨、好市多都在擴大大型折扣商場的規模，堅守市占率，然而在這種情況下，西爾斯反而提高商品價格，讓所剩無幾的忠誠顧客也隨之離去。」

我逐一舉例，對蘭伯特的策略成效提出反駁，漸漸地，問題逐漸消失，會議室裡只剩下我的聲音。我又提出了一個非常個人的看法，但我認為這也許是至關重要的重點。

「先拋開這所有的問題不管，有一個地方最令我費解。身為

零售企業的 CEO，蘭伯特竟然全數使用電話或視訊會議，與位在全國的西爾斯賣場，甚至是西爾斯的分公司總經理進行溝通。CEO，特別是管理實體（brick-and-mortar）[53] 零售賣場的公司 CEO，不應該是一個親力親為的工作嗎？」

「蘭伯特董事長人現在在哪？」

「他在佛羅里達的別墅裡，寸步不出，所有業務報告和投資會議都在網路上進行。他認為這樣更能節約時間，更有效率。」

經過半天的投資審議，最動搖 PM 與其他營運人員的，就是最後這個重點。長時間從事投資的人都很清楚，在觀察目標企業的時候，多半最重要的關鍵就是「人」，對於行為上不值得信任的管理團隊，市場的評價總是毫不留情。當天投資審議委員會最終決定通過對西爾斯的空單。就這樣，做空西爾斯成為了我的第一項投資。

---

53 brick 意指磚瓦、mortar 意指砂漿，在零售業裡用來指稱實體賣場。

避險基金的傲慢

　　蘭伯特宣布重建經營後，西爾斯幾年來都不曾停止虧損。這段時間，亞馬遜成長為零售業巨擘，從一開始銷售額只有不到西爾斯的 15％，到後來超越美國零售業市場，脫胎換骨成為科技產業的領導者，正改變著零售業的生態。其他以實體店起家的零售業競爭對手，也為了不要落後亞馬遜，正在持續改進事業模式。最終，零售市場整塊大餅在擴大的同時，也發展成為多家公司以類似模式相互競爭的局面，只有西爾斯除外。最後在 2018 年的秋天，一直飽受經營困境之苦的西爾斯，股價跌到 50 美分以下，經過《第十一章》[54] 的破產保護申請，西爾斯被退出交易所。15 美元左右的股票，最後以接近 0 美元的價格被消滅，毫無疑問，我們透過賣空獲得了高額的報酬率。目前西爾斯是以 20 美分的

---

54 Chapter 11。根據美國聯邦破產法的破產保護申請，類似於韓國企業回生程序（舊制為法庭管理）的制度。

價格，在 OTC（場外交易）上被交易的細價股（penny stock）。題外話，破產之後，西爾斯的股東向蘭伯特以及他的避險基金提出訴訟，他們控訴：「不分青紅皂白出售資產與企業分割，以及不合理的結構調整所導致的經營崩潰，是讓西爾斯走向破產的主要原因。」那麼，這位明星避險基金經理人這 7 年來都在填補一個無底洞嗎？蘭伯特是業界公認的聰明人，他也是其中一個主張電子商務將會壓倒性占據零售市場的人士之一，他並不是沒有看懂市場的先見之明。但究竟是什麼導致他的投資生涯走向自我毀滅呢？

有一個單字叫做傲慢（hubris）。這個單字經常出現在英美國家的日常生活之中，是一個非常普遍的單字，語源出自古希臘神話中的用語，意味著人類企圖侵犯神之領域的傲慢，現在則意指「過分的自信」，指稱執著在過去的成功帶給自己的能力，誤以為自己的成功法是絕對的真理，因而犯下失敗錯誤的人。仔細想想，這世界還有比華爾街充斥著更多傲慢的地方嗎？華爾街的體系，會不斷造就成功的人過分相信自己的能力而陷入失敗。雖然這只是我個人的看法，但我認為蘭伯特的西爾斯投資和經營失敗的案例，正是因為傲慢發揮了強烈的作用。對於這段時間以來的投資策略、經營方式，以及對自己上位的價值過度自信，使得如此聰明的基金管理人也出現失誤。人們在評論身為基金經理人與 CEO 的蘭伯特時，經常會指責他是不了解美國中產階層消費模式與購物文化的上流階層菁英分子，但我認為這種評價過於片面。只要目睹過華爾街無數的自我衝突，以及他們大起大落的過

程，就會非常了解蘭伯特真正的失敗是源自於何處。

　　為秋天的尾聲畫下句點的美國感恩節假期即將來臨之際，我在位於曼哈頓上西城（Upper West）的某個酒吧，遇到一位已經退休的年輕基金經理人。他才 40 歲出頭，當初經營著以自己名字命名的避險基金，卻突然宣布退休，把基金進行了清算。他現在一面在哥倫比亞大學講課，一面休養生息，在我提到自己最近把西爾斯實現收益的時候，他突然反應很大。

　　「他怎麼可以在一檔股票上，賭上自己的整個職業生涯？這是賭博還是投資？一個避險基金經理人哪會懂什麼零售公司的管理！」

　　「作為投資人所懂的，跟直接參與經營還是有所落差吧。但他本人相信自己兩者都可以勝任。」

　　雖然不知道為什麼，但隨著談話愈聊愈下去，我開始在替蘭伯特說話。我最終也是打賭他會失敗，且我自己還從他的失敗中獲利。我以傲慢打了比方，解釋蘭伯特的無力回天。

　　「沒錯，妳可以把他看成是典型的避險基金的傲慢。我決定這學期的課程，要講西爾斯的案例分析，把它當作是投資失敗的典型案例。」

　　他的話語裡似乎也隱藏著傲慢，但我決定不點破這件事。我只是短短地補了一句話，因為我覺得讓蘭伯特在往後幾年的哥倫比亞大學學生心中，被烙印一個失敗案例的印象，是不是有點太過分了。

　　「雖然他可以雇用麥肯錫的顧問，制定一個企業重建策略，

若他按照策略執行確實有可能成功；但是如果讓一個麥肯錫的顧問直接上位管理，那麼失敗的機率應該更高吧？蘭伯特的例子也是這樣，不是嗎？」

我警惕自己，不要把西爾斯的空頭投資單純當成一次「成功的投資」，我從這次的投資裡，獲得了兩個比投資報酬率更珍貴的教訓。第一，客觀看待自己本來就是一件最困難的事，特別是對於一直以來都走在成功路途上的人而言，更是如此。第二，股票不會說謊。

異議的義務

　　那天是麥肯錫新進員工的新訓日，當時我還保有著學生的稚嫩模樣，穿著說不上哪裡有些彆扭的西裝，坐在那裡好幾個小時。人資部門講著廢話、各種公司規範和守則，覺得非常厭煩的我，坐在某個角落巧妙地打著盹。此時，負責新訓的員工使用投影機，把 PPT 投在某一側的牆壁，上面出現了一張有著麥肯錫 Logo 的藍色幻燈片，上面出現了一句足以填滿整個牆面的句子。

　　「Obligation to dissent.」（異議的義務）

　　這句「異議的義務」是對麥肯錫顧問最基本的要求，也是麥肯錫所追求的價值中，最落實的一項。所謂「異議的義務」，是指為了解決真正的問題，「必須放下階級，站在水平線上，不斷提出異議，積極討論」。這是解決複雜商務案件的過程中，最需要的基本原則，也是作為麥肯錫顧問的義務。漫長的新訓上，一整天都在進行各種說明與訓練，但那天我唯一的記憶點，就是「異議的義務」。與其說它是組織追求的價值，更確切來說，對

我而言是一個嶄新的概念。我在麥肯錫裡學到最多的不是專案進行中所獲得的商業洞見，而是麥肯錫這個組織文化裡所強調的思考架構，其中包含了技術方面的框架與企業文化方面的框架，而「異議的義務」就是其中核心。當時我所學到的異議的義務，成為了我踏入避險基金世界時，所需要的思考與行動指引。

其實在重視「知識誠實」（intellectual honesty）的華爾街避險基金的組織文化裡，也默許著這個概念。所謂的知識誠實，是指不應該理所當然接受某種事實或價值，應該要從「我還不懂、我還不知道」作為出發點，經歷過建立假設、合理的懷疑、不斷挑戰與驗證的過程，才能夠獲得完整的結論。雖然不能為了反對而反對，但是面對職級與資深基金經理人的投資論據，一定要能提出具備批判性的意見，而且這是義務。橋水基金（Bridgewater Associates）是享譽全球的避險基金之一，他們的 CEO 瑞・達利歐（Ray Dalio）也很強調這個原則。其實這在華爾街的投資世界裡是非常普遍且理所當然的文化。我一直以來都有意識地在訓練自己遵守這項原則，實際上，我也在許多投資上，見證了這項原則能夠引導出合理決策的效力。

某一天，PM 丟出了一個渡假村公司的投資說明書，要我研究這個投資標的。那家企業是以加勒比海岸為中心運營的全包式渡假村公司（後續我將稱之為「P 飯店」）。基於全包式渡假村商務模式特性，它的營運槓桿會比普通的飯店事業更高，由於平均入住率與營業利潤較高，所以只要公司的成長潛能和財務健全

性沒有問題的話，是一個值得探討是否要投資的事業。起初我認為 PM 是基於這項原因，要我試著研究這家公司，提供一點投資的想法給我。但是許久之後，我才知道實際上這背後有更複雜的情況。

P 公司當時是總市值連 10 億美元都不到的小型股，它是一家經由與名為 TPG 的大型私募基金所成立的特殊目的公司（SPAC）進行合併，才得以迂迴上市的公司，到目前為止還是最大股東的私募基金持股率相當之高。公司贊助人兼最大股東的持股率高，代表流動性小，除了在市場上難以被交易以外，市場對於企業價值的關注度也不高，缺點在於要花費相當長的時間，才能夠實現價值與收益。當然，如果經由爆炸性成長的消息而受到市場關注，交易量會因此增加，但是這檔股票又不是熱門的科技股，一間小渡假村公司的股票發生這種事的可能性並不高。即便如此，P 公司管理層所提出的成長策略卻相當野心勃勃。光憑投資人說明會，我無法得知這份野心究竟源自於哪裡，所以我直接去見了管理層。我的第一印象是，感覺管理層的行銷做得非常好，以及我很想知道大股東的獎金究竟調整（align）到了多少。

按照管理層的意思，P 公司的前景一片光明。他們計畫透過與凱悅酒店集團和合作，利用凱悅酒店的品牌進行全包式渡假村的事業，最重要的是，他們將從目前業界最高的 30％ EBITA 利潤率，進一步成長為全年可以維持 35％以上利潤率的事業模式。他們的銷售簡報（sales pitch）中指出，依照這個策略，預期股價將會成長 40％以上。就他們管理層的說法，擁有這種成長動能的

渡假村，在整個飯店業裡找不到第二家，不對，這個程度的增長率幾乎媲美科技成長股。但是我以投資人的身分，觀察這家公司這麼久，我最好奇的地方，還是被管理層的自信所遮蔽的真實可行性。

當時包含全球連鎖飯店在內，高檔（upscale）或奢華等級的飯店、渡假村業界，平均的營業利潤率落在 20％ 後段。利潤不及 P 飯店，但是營業規模大幅超前的全球連鎖飯店，確實存在局限性，為了突破這個限制，業界正在開始進軍相對來說較新的全包式渡假村市場。假如萬豪、希爾頓、凱悅等業界首屈一指的飯店業者開始推出自家品牌，親自在加勒比海岸開設全包式渡假村，像 P 公司這樣的中小企業，將會難以維持競爭力。實際上，P 飯店的品牌知名度相對不足，銷售額中 90％ 以上仰賴線上旅行社代理銷售住宿券，而其中 10％、最多 20％ 的銷售額，仰賴收取仲介手續費的代理商，所以 P 飯店並無法實現符合銷售增長率的營業利潤。這部分我也問過管理層，但我所得到的回答只是官腔的答覆：「我們會繼續成長，計畫在未來 3 年內一半以上由公司獨立銷售。」還有一項更重要的未知數，我注意到了公司的成立背景與過程。由於 P 公司是以 SPAC 投資公司的型態，經由合併與收購所成立的公司，所以我想了解身為公司贊助人兼 P 公司最大股東的 TPG 私募基金的績效獎金是多少。

我找到併購當時應該沒人讀過、數量超過數百頁的委託書（proxy），發現其實 TPG 的目標原先是其他公司，而非 P 公司，他們甚至已經提出了併購意向書，但為什麼 P 公司會成為最終併

購的對象？TPG 同時還有其他考慮收購的對象，但不管選擇哪一家公司，TPG 都只是朝著可以成交的方向發展而已，他們很可能不會為了投資人而選擇最理想的企業。SPAC 只要成功完成併購交易，像 TPG 這種營運 SPAC 公司的贊助人，就可以經由創始者股份（founder's shares）這項特殊關係持股，實現鉅額的收益。所以說我很好奇，驅使把重點放在成交的私募基金，為了上市後從市場上流入的普通股東利益而付諸行動的績效獎金究竟有多少，再加上管理層裡，也有一部分的人來自 TPG。撇除獎金的問題不說，對於完全沒有親自營運過飯店事業的團隊所主張的企業未來藍圖與成長潛能，我只能抱持懷疑。除此之外，在各個事業與財務方面都不願意把 P 公司納為投資對象的我，在投資審議委員會上毫無保留地發表了自己的擔憂與直覺。果不其然，把 P 公司案子交到我手上的 PM 顯得不太愉悅。

「沒有人能比我更了解這家公司，不久之前我還是他們理事會的一員。我也很了解 P 公司的管理層，他們都是一些聰明人。事業計畫書裡面應該都有他們親自建模的成長率、未來損益表，妳都仔細看過了嗎？」

果然，PM 也是從 TPG 出來的人。P 飯店是他跳槽到我們基金的不久之前所成交的案件之一。作為大股東和這家公司的其中一員，他促成這筆併購案，並從中獲得了數百萬美元的獎金。我當時才明白了這件事實，被公司的財務狀況與各種數值所迷惑，沒能好好確認公司歷屆理事團隊的清單，是我的疏失。我現在開始慢慢理解狀況了。他讓 P 公司經由併購迂迴上市，在 P 公司成

為上市公司後，就退出了董事會，因為他不再是特殊關係人，所以就可以自由交易 P 公司的股票。他到近期為止還是 P 公司理事會的一員，他從管理層詳細的報告中，取得了僅向內部人士公開的各種資訊與營運狀況，當然會充滿自信，認為自己最了解這家公司。所以他的每一句話，都充滿著認為剛開始做企業調查 2 個月都不到的新人分析師，以及與其他任何人所接觸到的資訊都無法比擬的信賴感和重量。這位 PM 也很了解 P 公司上市的歷史，並且信賴他們的管理層，因此更加難以反駁。

「上漲率（upside）怎麼只有這樣？據我所知，明年有 2 家牙買加的渡假村會完成整修重新開業，隔年還有 1 家在多明尼加的渡假村會完成開發。光憑這一點，EBITDA 至少也會再上漲 25％，從目前的槓桿看來，股價上漲率應該在 40％以上。妳這 2 個月來到底都分析了什麼？」

在我的計算裡，股價的上漲率當然也是 40％以上，但問題在於這個數值背後的假設。如果 P 公司管理層提出的成長因素全數都有反映出來，確實會出現漂亮的成長曲線。但是我果斷去除了現實中看起來難以實現的成長因素，以此計算了未來價值。至於 P 公司事業計畫書上的營業活動計畫，我跟類似規模、品牌與事業模式的當地其他飯店進行比對，重新調整到合理的數值，並且把管理層所提出的房價、宣傳費用、包括全包式套餐在內的自助餐結構與費用、員工人事費……等，每一項都按照我所建立的合理標準重新進行計算，結果是不管預測再怎麼樂觀，接下來 2、3 年的股價上漲率也只會有 20％左右。20％的預估報酬率，是一個

連投資審議委員會都上不了，只經過簡單討論就會被判斷不符合
投資標準的數值。而我針對一樁由 PM 親自開發的投資案，發表
如此糟糕的預估收益，我會收到無數次攻擊也就再自然不過了。
光憑著「一家 PM 瞭若指掌且還親自擔任過理事的公司」這項理
由，就會有很多其他基金經理人與分析師都無條件對這次的投資
抱持肯定的態度。甚至還有人認為，應該要讓這檔股票占基金裡
最大的多單部位。但身為這樁投資案的負責人，我有義務要抵抗
我認為不合理的共識。

「上漲率這麼低的原因在於，這家飯店現實中的成長因素就
只有這些。」

我緩慢且清楚地說著。方才好似已經做好決定要投資，開始
討論投資組合比例的大家，一致暫停嘴邊的話語，轉過頭來看
著我。

「搞什麼？」

PM 看似無言地蓋上了我的投資審議報告，反問我。整個會
議室裡，只剩下我跟 PM 的聲音。

「您說您最了解這家公司，但就因為您有這個想法，所以我
認為您才是最不了解的人。就如同您現在談到的追加開發案也是
如此。ROI（投資報酬率）要達到 15％以上的開發計畫，如果按
照實際調查的內容來說，別說是 15％了，有超過 10％就算萬幸
了，因為要投入的費用遠比預期來得更高。P 公司近期的人事費
用也有調漲，如果一開始就把預算抓得太緊，又想取得跟當地競
爭對手一樣大的腹地，就必須要支出更多費用。與加勒比海岸渡

假村的需求相較下，P 公司的市占率表現不佳。基於品牌知名度的關係，追加宣傳費用都還要維持在高點好一陣子，如果把這些部分都考慮進去，ROI 沒有想像中這麼高是不爭的事實。」

「P 公司馬上就會跟凱悅成為 JV 夥伴，可以利用凱悅的品牌來取代知名度不足的部分，減少權利金的費用。」

「凱悅為什麼要在權利金上給 P 公司折扣？JV 如果談成的話，對 P 公司來說是絕對有利，但對凱悅來說卻是一無所獲。」

「這終究是一場不動產遊戲。新的飯店開發案，由於市場的認知度還不足，所以沒辦法反映在股價上。把開發事業從企業價值中扣除再重新計算一次吧，這檔股票是飯店產業中最被低估的股票。」

「用這樣計算的話，這檔股票確實是被低估，但這也很可能是價值陷阱（value trap）[55]。市場為什麼要低估這檔股票？不動產開發是每次進行法說會（earnings call）的時候，管理層都會大量提及的計畫之一。」

「價值陷阱？一家上市都還不到一年的公司，現在是需要擔心價值陷阱的階段嗎？」

「是，需要擔心。總市值這麼小的小型股，TPG 為什麼還持有 30% 以上的股份？交易量太少了。說白了，如果 TPG 隨時脫手，股價都會因為這樣暴跌。」

「TPG 是大股東兼贊助人，反而可以在股價下跌的時候，成

---

[55] 指股票雖然被低估，但是市場並不承認這份價值，所以股價沒有上漲的情況。

為支撐股價的勢力。」

「既然您提到跌盤，請問您有看到我的下行模型嗎？下跌量是 -70％。如果市場又出現一次像 2008 年一樣的經濟衰退（recession）[56]，或是渡假村市場結構發生問題的話，P 公司目前這樣的財務狀況太脆弱了。」

「我的認知與妳相反。上一次景氣衰退期，當旅行與休閒產業整體受到重創時，P 公司的現金流相對穩定，EBITDA 甚至具有防禦力，妳是知道這件事還說出這種話嗎？」

「P 公司的現金流與收益模型都發生了大幅變化，跟當時不一樣了。景氣好的話，P 公司的表現當然會非常好，但是景氣不好的話，預估它所受到的衝擊會比其他飯店業者更大。」

我逐一反駁 PM 的每一個主張。按照各種情況所計算的數值及股價的情境，成為支撐我主張的依據。我之所以能夠毫不畏縮，反駁一個在投資界裡待了近 20 年的老鳥，且還是曾經當過投資目標企業的內部人士，了解該公司內部情勢的基金經理，就是因為身為實務負責人，在面對無法說服自己的結論時，必須要盡到「異議的義務」。

雖然投資決策是由 PM 進行，但要在沒有最低限度的辯論下原封不動接受決策，對於忠於執行「異議的義務」的我而言，這是不可能發生的事。對避險基金的投資審議來說，這是一個合理

---

[56] 係指景氣衰退期。

的過程。最終，PM 的決策大幅採納了我的意見，P 飯店的投資案在原本差點就要成為投資組合中最大宗多單部位的情況下，PM 最後決定只以未達 1%的極小部位買進 P 飯店。

幾年過後，P 公司的股票長期橫盤，後來因新冠肺炎疫情全球景氣衰退再度來臨，P 公司股價從 10 美元一帶下跌至 3 美元，陷入苦戰當中。補充說明，基金在發生兩位數虧損後清算所有部位，已經不再持有 P 公司的股票了。

某位避險基金交易員的
一天

安然無事的一天

06:05AM　說早起很簡單的人，都是說謊精。雖然這個凌晨例行公事已經反覆了許多年，但依然令人感到痛苦。一睜開眼，我就會反射性地確認一下彭博的 APP，因為之前發生過在凌晨突然有公告跳出來的情況，所以我設定了通知，幸好今天沒什麼特別的事。

06:10　　　馬上確認公司內部郵件。經紀商傳來了封信，裡頭寫著各種股市更新和市況，以及他們對股票的簡易期望，這些內容只要稍微讀過就可以了，我很快速地看過，但此時有一封信吸引了我的注意。美國銀行的分析師，對我投資的一家產業材料企業進行降級

（downgrade）[57]，從原本的「加碼」變成「中立」，還附上了附件。「煩死了……」這是一位很愛亂發「建議賣出」的分析師。我得快點進辦公室，看看他的報告裡面寫了什麼。

06:25　從洗澡到出門，早晨的準備時間是 15 分鐘。這是我十幾年前從學生時代開始養成的習慣裡面，唯一一個最適合華爾街早晨的生活模式。我的衣服都是一樣的西裝，只要穿乾淨的衣服就可以，而且我不化妝，過去幾年來也不曾買過化妝品，不僅可以節省時間，還不需要做無謂的消費，簡直一石二鳥。反正沒人在意我的長相，我也沒必要投資時間在這上面。

06:50　我在曼哈頓街道上隨處可見的卡車上，買了一杯 1 美元的咖啡，然後沿著第五大道一直走。在忙碌且每分每秒都十分珍貴的財報季（earnings season）[58] 時期，我都搭 Uber 上班，但平常我都走路上班，當作運動。如果連這段路都不走的話，我的生活半徑就只有到距離辦公桌 5 公尺左右的印表機。

雖然是凌晨，但街頭上有很多跟我一樣一手拿著咖啡，

---

57 係指賣方證券公司分析師降低特定企業的目標股價，或是調降投資組合的建議比例。
58 企業發表季度、年度業績的期間，每年有 4 次。

快速踏著步伐的人們，還有走著走著稍微擦撞就會破口大罵的大叔們。從凌晨開始走著路，就算被不認識的人罵也完全不會覺得心情不好，看來我好像真的已經成為了紐約人。

07:00 抵達辦公室。我坐在椅子上，登入了彭博系統。6 臺螢幕同時打開，一瞬間全球的股市在我的眼前展開。其中一個螢幕，額外匯集了我感興趣的企業，清單上充滿著一排已經設定好特別通知的股票代碼，只要有新的公告或新聞、業界傳聞，或盤後交易出現特別動向，為了提醒我注意，除了設定好讓股票代碼會閃爍以外，同時還會跳出含有公告內容或新聞報導的彈跳視窗，目的是讓我一眼就能立刻了解每一家企業發生了什麼事。

上面出現了其中一家我投資的企業，要進行資產出售的公告。我帶入管理層公布的價格，簡單進行計算，發現賣出的價格好像比目前股價正在交易的價格倍數更高。據說部分出售所賺到的錢，會用來買進庫藏股。我從去年就跟管理層講過無數次的事，終於在進行了，看來管理層終於振作起來了，如果接下來繼續像這樣進行資本還原，到年末股價應該會上漲許多。

07:15 快速掃過凌晨看到的美國銀行分析師報告，沒什麼重

點，只是因為擔心原物料價格通膨，所以認為整體產業都有風險，其中針對幾家特定的企業以槓桿為由，建議「降低持股部位」，完全沒有提到企業本身的問題。「我還以為有什麼哩……」如果是這種程度的內容，市場應該不會有太過度的反應。在這段時間裡，跳出了 5 個彭博的聊天視窗。其中 4 個來自經紀商的交易員，另一個是在其他多空基金工作的友人傳來的。他傳給我的是個一點都不好笑的 YouTube 影片。我是在上禮拜的避險基金研討會上認識他的，但他的笑點跟我好像不太搭，我有點失望。我們能變好朋友嗎？我向其他聯繫我的交易員，報告了這幾天想交易的股票之上限價格。

07:40　我進到總交易員兼 PM 的辦公室。我的 P&L 中，有一檔昨天在盤後交易上下跌 3% 的股票。我從很久以前就明白了一個道理，這種事在 PM 問起之前提前先做解釋，對我個人的情況會很有利。我非常努力解釋為什麼我只能維持多頭部位。面對性格急躁的 PM，1 分鐘左右的報告最剛好。他表示他知道了，叫我自己看著辦，揮揮手叫我回去自己的位置。我趕緊回到座位，接起一通響了許久的電話，是摩根士丹利的經紀商。他更新著今天市況的消息，已經喋喋不休講了 5 分鐘，雖然這些資訊我都已經知道了，但我決定聽他講完。

接著我必須要讀完昨天讀到一半睡著，有著兩百多頁的數據中心產業報告。

08:10 花旗集團的交易員打電話來向我報告異常，說我持有的其中一檔股票，在盤前交易（pre-market）時交易量不正常上升。我確認了股票圖表，還真的有些奇怪，這檔股票本來就不多，肯定是發生了什麼事。但是視窗上沒有跳出任何公告，我四處打電話詢問，每個人都說自己不清楚狀況。

08:19 問題在於這檔股票的交易量一直持續上漲，在開盤前股價就已經上漲了 5％以上。我的 P&L 上幾乎有著百萬美元的收益。哇喔⋯⋯按照這股氣勢，收盤的時候我可能就成為巴菲特了。

08:52 後來我才知道，有消息傳出，贊助人有意加碼籌資給正在結構調整中的這家企業，甚至還說出了要成為贊助人的私募基金名稱。要打電話問問在這家基金工作的朋友嗎？我正在煩惱的時候，彭博系統的視窗上跳出了一則公告，內容是這家企業的管理層表示，目前市場上正在謠傳的贊助人投資引資傳聞並非事實。股價瞬間下跌，不到幾分鐘時間又回到原本的位置。我也從成為巴菲特的夢中醒來，回到了現實。

`09:30`　紐約股市開盤。

`09:50`　跳出了一則新聞，是亞馬遜表示並沒有意向要收購某
　　　　家他們關注許久的物流公司。那家公司也是我的關注
　　　　對象之一，這家公司還一度出現泡沫，被納入「亞馬
　　　　遜 M&A 題材股」，但這個泡沫終於破了。我重新拿
　　　　出 1 個月前做好、卻因預估收益只有 18％左右而被
　　　　拋棄的 Excel 模型，如果按照目前的股價，應該會有
　　　　25％以上的漲幅。這家公司即便沒有被亞馬遜收購，
　　　　自己本身也有足夠的成長潛力，再加上還可以拿到將
　　　　近 4％的股息收益，「嗯……現在好像可以進場？」
　　　　我打了電話給摩根士丹利的交易員進行下單。

`10:00`　高盛的經紀商準時來找我了。這次是一家大型連鎖餐
　　　　廳企業的管理層，透過高盛要向我們基金進行行銷的
　　　　NDR（Non-Deal Roadshow）[59] 時間。由於包含餐廳在
　　　　內的消費者零售產業是由我負責，所以這些企業們的
　　　　會議會由我一個人參加和主持。
　　　　進到會議室之後，一位看起來 50 歲中後段的 CEO，
　　　　與一位稍微年輕一些的 CFO，還有其他企業宣傳組的

---

59 一種投資説明會，不關乎 IPO、債券發行等直接交易（deal），為了針對公司股價進行
　　行銷、策略性宣傳，由管理層直接拜訪投資人，説明公司的現況與業績。此時經紀商
　　（broker）的角色是串聯企業與避險基金這類的機構投資人。

人，都站了起來遞名片給我，邀請我握手。我經常在想，投身業界數十年的年長 CEO，在面對我這種 30 幾歲的年輕投資人時，都是抱持著什麼樣的心情呢？

站在左側角落的高盛經紀商抱著一堆資料轉交給我，他說這是最新發表的報告，整理了這次高盛推薦的「優先買進清單」（conviction list）裡的優秀（？）企業。這份報告我昨晚已經讀過，我對此沒有興趣，但有很多問題想問這家公司的管理層。我想問他們日後具體會使用什麼方式改善營業利潤，明年要追加開設的 50 幾家直營店是否不會對利潤造成負擔，以及他們計畫要如何籌措追加的營運資本。還有，我很好奇為什麼他們不做買賣回租（sales-leaseback）。CEO 的個性比我想像中更豪邁，對於我這種足以讓人心情糟透的強勢提問，他哈哈大笑，針對公司的成長策略給出了具體的回答。坐在右方的 CFO 會適時插話，向我提出各種數值，認真支持著 CEO 的話。雖然這家公司看起來好像還不錯，但在我的估價模型上，還沒有達到完美的多頭部位，所以我應該會用今天獲得的資訊為基礎，再更近一步思考與重新計算。不過至少管理層看起來不像騙子，成功的投資背後雖然有著各種因素，但最後的關鍵還是人。

11.15　會議結束後，突然消失又突然出現的高盛經紀商，在

離開我們辦公室前，把一個大箱子交到我手上。這是他在一家位於附近洛克斐勒中心的藍帶高級日式餐廳預定的大型壽司套餐，他說中午的時候我可以和我們小組的人一起用餐。面對已經問了我十幾次有沒有需要什麼其他資料的經紀商，我感到有些壓力，我請他之後把剛剛那家公司的分析師 Excel 分析模型寄給我，我必須要了解一下，為什麼他們算的和我算的差異這麼大。

11.30　我一個人在辦公室裡的休息室，只吃著經紀商買給我的壽司套餐裡的生魚片。不知道從什麼時候開始，坐在我隔壁的分析師也進來跟我一起吃了。每次這種時候就算不叫他，他也會像個幽靈般飄過來。明明就不知道怎麼用筷子，卻堅持要用「chopsticks」，拿著木製的筷子插著壽司卷，開始吃了起來。安德魯曾是耶魯大學橄欖球隊中非常活躍的橄欖球選手。他身高超過 190 公分，身體就像座山一樣，有著這種體格的安德魯，坐在電腦桌前的小椅子上敲著鍵盤的模樣，真的是非常搞笑的光景。看到開著 Excel 試算表，坐在電腦螢幕前哀嚎的巨型安德魯，我想應該沒有比這個更不搭的視覺衝擊了吧。但是我喜歡安德魯，可能因為他曾是運動選手吧，他沒有繁文縟節，非常單純。他不擅長辦公室政治這種需要鬥智鬥勇的事，但是喜

歡吃，跟我非常像。我在華爾街有兩種特別喜歡的類型，第一種是運動選手，第二種是退伍軍人，原因應該就不用多做解釋了吧。

12:00 吃完壽司之後，現在該回去工作了。紐約廣場飯店裡，有一家在進行 IPO 路演的賭場公司，這是我從好幾個月前就開始關注的 IPO，非常重要。我必須去看一下管理層有沒有推出什麼內容新穎的行銷方案，也要窺探一下其他機構投資人的反應如何。

12:12 我抵達了現場，滿滿都是人。他們在五星級酒店最大的宴會廳進行發表，但裡面已經坐滿了人。沒有位置可以坐，我必須站著聽，但我個子不高，完全看不到在宴會廳另一頭的管理層長什麼樣子，只能邊聽聲音邊看 PPT。我緩緩環顧四周，看到許多熟悉的臉龐。天啊……那邊還有在富達投資裡管理共同基金的人……該死，看來成千上萬個機構投資人都盯上了這可惡的 IPO。不知為什麼我感覺好像不妙。

我不喜歡「聲名遠播的宴會」，像這樣不分你我大家蜂擁而至，預估收益率肯定會不好。我一開始就很懷疑這是不是一檔好的 IPO，但是過多數人都認為好的投資，不知道為什麼總令我感到不安。為了在接下來的 Q&A 時間上提問，我擠進人群，盡可能走向宴會

廳的前方，往管理層所在的簡易舞臺方向前進。這是身材矮小的女性為數不多的優勢，人們會開路讓我可以通過，甚至還把有桌子的位置讓給了我。自信滿滿的 CFO，已經連續講了一個多小時，他也曾是華爾街銀行家，也許是因為這樣吧，他外表乾淨俐落，穿著一套很適合他且非常合身的西裝。後續他們會在路易斯安那、密西西比州、內華達州等賭場已經合法化的所有州別開設賭場，在業界身經百戰，現場出身的CEO 從容地坐著點著頭。

`01:52` 回到了辦公室。已經快 2 點了啊……我的 P&L 沒什麼變化，今天的市場好像比較安靜。我利用在路演寫下的筆記，更新了我的 IPO 估價模型，問題在於結論並沒有太大的變化。這家公司的 IPO 主管機關是摩根士丹利。距離 IPO 只剩 2 天，隨著公募價持續調漲，規模逐漸擴大，最終錢都會進到摩根士丹利的口袋裡。但我還是覺得可惜，所以打了通電話給摩根的銷售小組，詢問他們可以在公募價格上給予多少折扣。「我會盡可能給妳折扣，但我不能保證。」銀行家斬釘截鐵說出這段話，真是討人厭，平常一副我可以為你赴湯蹈火的樣子……甲乙方關係暫時發生變化的狀況真令人煩躁。我決定繼續看早上看到一半的數據中心產業報告，總共 206 頁，我現在終於讀到第 19 頁了。今

天好像也沒這麼忙……我要盡可能地專注閱讀。

02:02 　才正準備要專心閱讀，電話又響起了。本來在猶豫要不要忽略這通電話……看了一下螢幕，發現是早上我下單的花旗集團交易員，我無可奈何接起電話。他正在追加買進我想要增加多頭部位的股票，但是我設定的價格限制太低，不斷以 1 美分以下的差距錯失機會，想問我有沒有意願調整價格。我發了脾氣，拜託他們這點程度的小事，自己看著辦就好，對方表示他知道了，就掛斷了電話。

03:45 　距離收盤只剩下大約 15 分鐘了。早上開盤後的前 2 個小時，與收盤前的 1 個小時，是交易量最多、變動最大的時間。這段時間就算我沒有直接在交易，也會關注著市場。

04:00 　紐約股市收盤。

04:30 　PM 沒頭沒尾的叫我去「麥迪遜室」看看。辦公室的所有會議室都是以美國主要的路名來命名。麥迪遜室是一個可以俯瞰麥迪遜大道的大型會議室。為了選出

我們避險基金的新 IR（Investor Relations）[60] 經理，那裡正在進行候選人們的面談。雖然跟我沒有直接的業務關係，但 PM 的意思是要我去「看看那個人」。麥迪遜室裡坐著一位穿著乾淨俐落套裝的女人，我一打開會議室的門就跟她對到眼，她便燦笑著向我打了招呼。「哇……好漂亮……」這是我對她的第一印象。在這個到處都是男人的辦公室裡，睽違許久看到女人微笑的臉龐，心情突然好了起來。她介紹自己叫作茱莉，之前在摩根士丹利的資金仲介（cap intro）部門工作，是一位很有實力的應聘者。從她大學畢業的年分上看來，她至少比我大了 15 歲，但是卻有著跟我同年紀的外貌。交談幾分鐘之後，我回到座位上，給 PM 留下了很好的意見反饋。我不斷稱讚，她的經歷也好、親和力也好，應該非常適合從事與基金投資人打交道的工作。老實說，有一部分也是因為她長得漂亮很加分，不過提及外貌的部分會顯得不太專業，所以也就沒特別提及了。其實在華爾街從事銷售的人，個個都是相貌出眾，男人們就像是從《GQ》封面裡走出來的模特兒，女人們就像是行動芭比娃娃，這些都絕不是偶然。我極力推薦讓茱莉加入我們的基金。老實說，

---

60 直譯為「投資者關係」，在基金裡指負責向基金投資人（主要為大型機構、年金等）募集資金與負責行銷和促銷的職位。基金終究還是要從投資人身上籌得資金才能夠運作，因此這個角色也的重要性也不亞於投資。

就算不是在我們小組裡，哪怕我們基金裡面有多一個女生，我的心裡都會比較舒坦，但反正不管我的意見如何，最後的決定權還是在 PM 手上。

05:55　我的報告連三分之一都還沒看完。我應該要馬上對數據中心進行企業調查，但我對這個產業的理解度這麼低，什麼都做不了。我加緊腳步繼續閱讀，然而彭博系統的視窗上有個股票代碼閃了幾下，接連跳出了 4、5 個彈跳視窗。我趕緊查看發生了什麼事，原來是一家以行動主義策略聞名的某避險基金，買進了 5％ 以上的股份。「真該死……」偏偏這是一檔我做空的股票。股價在盤後已經開始上漲，真的是沒有一天可以安然度過。

08:40　我根本不知道我的晚餐是從嘴巴吃進去的，還是從我的鼻子吃進去的。股價已經上漲了 3％ 以上，明天市場的反應會比今天更激烈，股價有可能漲得更高。這是為了對沖所選擇的一檔空頭部位，要降低持股比例嗎？但這也有可能是短暫的市場反應，要不要再等一下……我盯著股票圖表發呆了好一段時間，思考著各種對策，時間稍縱即逝。我晚上點的泰式炒河粉都已經糊掉了。

09:10 上午 NDR 會議上的公司 CFO，發來了一封後續的電郵，內容是針對我在會議上詢問過的部分，補充追加事項與相對數值，還有存有相關輔助指標的 Excel 檔案，希望與我積極進行討論。「對吼，還有這個投資案……」我決定先完成這家公司的分析，明天再來煩惱被行動主義基金弄到翻船的空頭部位。

11:39 今天明明沒做什麼事，不知道為什麼時間過得那麼快。我昨天睡眠也不太充足，今天打算早點回家。我叫了一臺 Uber，把看都沒看的數據中心報告放進包包裡，準備下班。

11:55 到家了。

12:05AM 頭都還沒碰到床，我就已經睡著了，此時我一手拿著毫無進度的數據中心報告，另一手還緊緊握著黃色的螢光筆。

不安然無事的一大

06:35 AM 我已經在辦公室裡了。

06:38 擔心會不會有什麼計算錯誤，反覆確認著我的 Excel

模型。一夜之間，我長時間關注的美國上市公司理事會發表公告，表示公司已批准發放特殊股利（special dividend）給在香港股市上市的中國子公司。這家公司原本就已經因為複雜的治理結構問題，在美國股市上被大打折扣，交易價格較低的股票。這家公司的投資都是基於在美國法人的成長潛力和營業模式之上，傳出這種新聞的話，股價肯定下跌。我們必須在開盤前盡快做出判斷並採取行動，不久之後自由市場的交易量肯定暴增。

06:55　PM 一進辦公室後就叫了我的名字，大喊「這是怎麼回事」。

07:14　這檔股票的部位較大，一次失誤就很可能造成可觀的虧損率，是很重要的投資案。為了以準確的交易做出應對，我必須準確了解要填補多少虧損，或是要不要反向操作，在低點加碼買進。但 PM 還站在我的正後方，大喊著要我給出答案，他太吵了，害我的計算慢了下來。

07:50　我冷靜地向 PM 報告針對目前的狀況，我所做的判斷以及我所採取的部位。此時，我的彭博畫面上一口氣跳出好幾個彈出視窗，瘋狂地閃爍著，是兩檔我用

來對沖的空單宣布要併購的新聞。「這又是在搞什麼⋯⋯」它們合併後的協同數字非常高，它們的股價今天也會上漲，要解除避險嗎⋯⋯這樣的話，我又要再尋找可以替代的對沖交易。怎麼會每件事都這麼不順！為什麼這些事老是要一鼓作氣發生？

09:30AM ～ 04:00PM

應對（建模 → 交易 → 點擊刷新 P&L → 建模 → 交易 → 點擊刷新 P&L × 無限重複）

11:00PM 列印出我那上頭滿滿紅字（表示虧損）的 P&L 進行確認。「人生總有高潮迭起⋯⋯」充滿緊張的一天，我連眨眼的時間都沒有，回頭想想，我午餐跟晚餐都沒吃，怪不得肚子很餓。我在回家的路上，買了一盤披薩回家吃。

11:25 在披薩面前呼呼大睡。

PART

3

追求絕對收益的
避險基金經理人

掉入「價值陷阱」

　　頭腦的記憶和身體的記憶是分開的，有時候身體的記憶會更快速、更準確，以我個人來說，身體對於失敗經驗的頓悟和記憶速度會更快速。別人大多都是落入過往成功的經驗而犯下投資判斷的錯誤，但我卻相反。即便大腦跟理論都指出這是一檔極佳的投資，但只要我的身體覺得不對勁，我就會先採取保留態度。這麼做有好也有壞，由於把失敗的經驗看得太重，遇到類似的投資案件會過於慎重，導致錯失良機或是選擇了錯誤的投資規模。反過來說，它也能避免我做出差點面臨慘痛結局的投資決策。

　　「價值陷阱」是價值投資人經常犯下的錯誤之一。價值陷阱是指股票的價值與價格不同調，兩者之間的差距永遠無法縮小的現象，主要用來形容股票被低估但仍無法上漲的現象。其實「便宜」的股票很多，就算現金流或業績有改善的空間，但基於其他變數，或者因企業或市場的結構問題，無法擺脫低估區間停滯不前的公司，不勝枚舉。

　　造成價值陷阱的因素有很多：純粹基於沒有掌握到夕陽事業的信號、突如其來的政府規範、複數表決權（multi-class shares）[61]等企業治理結構方面的問題、單純因交易量不足而對避險基金等機構而言流動性過低、內部人士持股率過高導致股價不易跟著市場機制改變……等，可能原因非常之多。事實上這些原因，總歸來說還是形成整體企業價值的要素之一，所以我有時候會想，「價值陷阱」這個詞彙，是不是只是被用來包裝價值投資人沒掌握到的資訊或是他們的錯誤判斷。重點在於，真正的價值通常需要經過一段時間才能變得清晰，而避險基金交易員的工作就是要比別人更快、更準確掌握到這個價值。

---

61 係指股東表決權有所差別，區分為好數個不同階級之股票類別的情況。舉例來說，一家企業可以發行 Class A、Class B、Class C 等各種不同表決權溢價的股票。

我沒有錯

　　掉進價值陷阱的避險基金經理人，共通點在於針對自己非常肯定的基本面價值與背離的市場趨勢，進行解釋與分析的時候，無法擺脫自己的認知偏差。就算為時已晚，但發現股票掉入價值陷阱的信號時，應該要快速調整部位，然而他們之所以不斷錯過調整時機的原因在於自我的認知偏差，他們認為「有一天市場會看懂這檔股票」以及「我沒有錯」。由於我看過太多反覆犯下相同錯誤，最後因而離開基金的基金管理人與交易員，為了不讓自己也掉進價值陷阱的深淵，我會不斷對自己建立的部位進行自我診斷。除此之外，由於看久了自己也可能會失去客觀，所以我還會詢問負責其他完全不同產業的分析師，再接受一次驗證。

　　有一檔名為 STAY 的飯店股，曾經是我負責的投資組合中，占非常大比重的投資案件。這家公司也正在經歷大部分飯店業者共通的問題，也就是股票市場上的股價大幅低於企業持有的飯店資產估值。這家公司的股價跟前幾年公開發行時期比起來，下跌

了 30% 以上。

當時我相信這家飯店的估值存在著非常嚴重的資訊不平衡，接著我開始埋首其中，想要證明這件事。當時的 STAY 持有著「美國長住飯店」（Extended Stay America），它是一家在美國擁有超過 500 家二至三星級飯店的連鎖飯店企業。大部分美國的飯店業者追求將「飯店品牌」與「持有飯店相關不動產所有權的法人」分開上市的分離型事業模式，但只有 STAY 維持著直接持有連鎖飯店品牌與飯店資產的飯店兼不動產事業模式。我認為從這個事業結構就可以看出這家企業的低效率，這也是 STAY 股價長期被低估的原因之一。我為了確認這家企業的帳面不動產估值大幅高於股價所反映的價值，還親自去了位在德州與加州的飯店，實地住宿，並和飯店經理與該地區的不動產經紀商見面，做了市場調查，原因是公司管理層給出的資訊，有可能跟現場實際看到的企業資產價值有所出入。

連續幾天輾轉於摩鐵等級的二星級飯店，在便宜的床墊上小睡一會，每天吃著成本看起來連 5 美元都不到的飯店早餐，現場考察比想像中還累人。那時候我才體會到，在電腦面前建模熬夜所用到的體力，跟在德州的烈日下，走在飯店腹地確認重新開發、重建等資產升級現況和去拜訪不動產經紀商，這兩者所用到的完全是不同種類的體力。再加上德州是地方特色非常強烈的大州，跟紐約相比堪稱是不同的國度，我光是要了解當地不動產市場與地方居民，就花了相當長的時間。有些人對於說著一口完美的紐約口音，用著至少快上 2 倍的語速，以及以

紐約特有的攻擊性語氣、單刀直入不斷追根究底的我，直接表現出了反感。對於身著短袖 Polo 衫與卡其色棉褲，比約定時間晚了 10 分鐘左右才出現的德州飯店經理與經紀商而言，在超過 38 度的盛夏還穿著一身黑色西裝，拿著一臺翻開的筆記型電腦，沒有表面的友善問候，對著敏感的損益表不斷提問的我，應該看起來一點都不討喜吧。

在加州出差的時候也一樣。西部地區特有的游刃有餘和從容的氛圍，讓一位一分一秒都不得浪費、從紐約搭著紅眼班機（red-eye）[62] 的避險基金交易員感到很不自在。我光是一天要拜訪的飯店就有 8 家，全部都是長途行程，所以我和飯店經理和掌管地方連鎖飯店的經營支援組經理，約在禮拜一早上 7 點 30 分，進行第一場會議。我從 7 點開始就在約定場所旁的咖啡廳，拿出電腦開始工作，然而時針已經走到 7 點 35 分，卻還沒有任何人出現，我開始感到焦慮。在商務世界裡遲到 5 分鐘可是大事啊！ 7 點 36 分，我發了一封簡短的郵件——「ETA[63]？」到了 7 點 39 分，還是沒有任何回應，也沒看見任何身影。我已經開始生氣了。為了讓我自己能準時在 8 點 15 分移動到下一個地方，我已經預約好 Uber，但別說是會議了，我現在連個人影都還沒見到。為了確保能擁有 45 分鐘的會議時間，我把會議約在 7 點 30 分，正當我想著「這到底在搞什麼」的時候，遠處傳來大笑的聲音，我看見兩

---

62 係指在凌晨航行的班機。
63 Expected Time of Arrival，預定抵達時間。

個身材魁梧的男子，雙手分別拿著一杯咖啡與貝果，悠閒走過來的畫面。「都什麼時候了現在才出現……？」我看了手錶，時間已經快到 7 點 50 分。我盡可能壓抑住自己的怒火，在毫無笑容的情況下，用手示意請他們坐下。對於連自己遲到都沒表示歉意，還笑著坐下的他們，我省略了問候，直接開始討論公事。

「我篩選出這個地區其他幾家競爭的低價飯店，這樣子的飯店如果現在出售的話，每坪大概可以賣多少？」

然而我得到的回答卻非常驚人。

「喔？……妳連問我們『週末過得還好嗎？』都不問嗎？還真了不起……」

我實在無法忍受這種商業禮儀。

「你們讓投資人等了超過 20 分鐘，有什麼資格要求我跟你們打招呼？原本 45 分鐘的會議現在只剩下不到 25 分鐘，你們最好在這段時間內好好回答我的問題。我對於你們週末過得怎樣沒興趣，麻煩你們協助解答我的問題。」

他們才終於改變原先舒適的坐姿，挺直了腰桿，逐一回答著我的問題。我已經習慣紐約與華爾街獨有的效率與快速但沒有人情味的文化，所以與其他地區和產業、過著其他生活的人見面時，我經常會感覺難以適應這種文化摩擦，沒有任何一方的文化是對或錯，這就只是「文化衝突」而已。

親身去體驗，獨自進行實地考察，讓我獲益良多。STAY 為了籌措拓展新事業與新酒店的開發計畫所需的資金，正在出售資產，它所出售的飯店價格是同行裡最高的。至少 STAY 在不動產

市場上交易的各飯店價值，大幅高於在股票市場上的企業股價。從資本化率來說，STAY 出售的資產擁有高於股價 80％ 以上的溢價。從 STAY 的股價回推，市場認為位於德州拉巴克小城鎮的 STAY 飯店價值，等同於位在全美高價不動產最密集的加州山景城（順帶一提，這是 Google 總公司所在地的富人區）的飯店價值。我的結論是，由於股票市場無法確切了解 STAY 的不動產價值，才導致股價被低估。「太不合理了……以現在的股價來說，STAY 飯店的平均價值只有 8.5 萬美元，但是去年底德州的 STAY 飯店售價是 45 萬美元。如果按照這種方式持續出售資產，再繼續擴大事業，加上現金流量也很穩定，還可以買回庫藏股，那麼股價肯定會反彈吧。」

在投資審議委員會上自信滿滿的我，在結實地調查之後還獲得批准，得以加碼買進，這檔股票在我當時所管理的股票中，占了最大宗的部位。持續出售資產的溢價、自由現金流量增加、進行配息、買回庫藏股、連鎖酒店分公司……可以應用在 STAY 股價上的利多因素非常之多，而且有一部分已經在進行中了。理論上來說，我相信這是一筆不可多得的價值投資案。我現在只要等到市場發現，並反映出合理股價的時間點來臨就行了。結果就是因為這份「等待」，讓這樁投資案為我留下了一筆慘痛失敗的紀錄。

因為市場
永遠都是對的

　　自從加碼之後，有 1 年以上的時間 STAY 的股價都沒發生太大的變化，一直停滯不前。管理層出售了資產，這段時間的不動產市場也沒有萎縮、公司也沒有現金流量等其他財務狀況的問題，事情並沒有出乎我的意料範圍。但不知道為什麼，股票市場一直沒有承認 STAY 不動產資產價值的溢價。由於股價長時間處在低估區間，管理層也開始不再努力企圖打破這個局面。相較於清算價值，STAY 的股價停留在非常低的位置，這也代表他們隨時都可以把公司賣給私募基金、避險基金等大型併購基金，這一點也有很高的溢價。

　　由於最大部位的持股沒有取得獲利，好一段時間我的 P&L 也停滯不前，我再度回到原點，開始重新檢視狀況，進行實地考察的作業。這檔股票無法再使用價值評估模組等數值因素作為理由進行合理投資了。我決定正視自己已經思考好一段時間、但是無法承認的事實：這就是典型的「價值陷阱」，市場不承認公司

的價值，而且看似未來也沒打算承認。雖然 5 到 10 年後有可能
達成價值實現，但是價值投資的循環有愈來愈短的趨勢，現在市
場上也有太多其他具有吸引力的投資案，實在難以承擔這個機會
成本。我必須要獲利，所以在積累出其他額外的時間和機會成本
之前，我必須要清算這個部位。我可能還是沒有錯，只不過長時
間以來，市場都在說著我是錯的，而市場永遠都是對的。

　　我開始清算我 P&L 上排名最靠前的多頭部位。由於清倉的
時候，股價跟我買進時相比幾乎沒有變化，所以我也沒有承受什
麼虧損，但因為我下了很大的賭注，期待當然也很高，在沒有什
麼獲利的情況下清算，我承受的心理打擊遠超想像。持有一檔連
套利（arbitrage）[64] 的機會都沒有的部位超過 1 年以上，PM 開始
向我嘮叨了起來；從剛開始還說著「再等等看吧」的投資審議委
員會，隨著每個季度過去，也開始愈來愈焦慮，擔心著該如何向
投資人們說明。這個投資案件拉低了我的平均業績，我當年度的
獎金當然也受到了打擊。但比起這些外部的壓力，更讓我痛苦的
地方在於，在想證明「我果然沒錯」的想法與「因為市場永遠都
是對的」之間，我必須舉白旗承認錯誤的內在衝突。最後我在清
算時，交給投資審議委員會的報告書只有三句話。

　　變更部位事項：STAY 全數賣出，清算避險部位。
　　投資期間與最終獲利：13 個月、180bps。

———

64 係指利用扭曲的市場價值與實際價值的差異率進行交易的利差交易。

變更原因：因為市場永遠都是對的。

　　STAY 成為了我的第一個投資失敗的案例。但就是因為有這個刻骨銘心的經驗，我才能夠在後續幾次差點掉入價值陷阱的危機中時，以相對較快的速度脫身而出。

天才們
失敗的時候

　　失敗的交易員都有幾個共通點。我認為成功的投資人，是善於克服失敗、不會犯下同樣錯誤、懂得把虧損降到最低的投資人，而不是那種一次就擊出全壘打的投資人。所以比起所謂「優秀的交易員」，我更偏向於觀察曾經經歷過鉅額虧損，或是持續發生虧損，在公司內部地位愈來愈低的交易員，因為他們的身上有很多值得學習的地方。

　　下面是從我踏入避險基金業到現在，利用空閒時間觀察與記錄的各個交易員失敗案例，並整理出我在這些案例中所找到的共通點。我所看到的也許不是全貌，也許其中還有無法以表面上的虧損來衡量的合理判斷因素，但至少對我而言，這些都只是在分享由於交易員個人的致命性錯誤，導致的失敗案例與原因，這當中也包含了我常犯的錯。這裡的核心在於掌握並領悟問題，盡可能不犯下相同錯誤，各位只要把這個章節看作是一篇錯誤筆記就行了。

1. 無法達到動能與基本面的平衡

我幾乎沒有看過仰賴以動能為主的技術性因素，還可以持續獲利的交易員，這種方式也許可以在個別的交易上獲利，卻無法持續大規模地獲利。這類的獲利，基本上機構是不能碰的，**原因在於價格的波動不能被視為是投資的原則**，而且基本上，這世上不存在沒有投資原則的投資機構。基本面是可以辨別狀況是否處於矛盾狀態的優秀且唯一指標。觀察基本面的話，經常會遇見目前明明處於拋售狀態，但從圖表上看來卻相反的狀況。反而在這種狀況下，圖表與基本面的背離愈大，成功的交易員就會愈感到興奮，並且會在此建立部位。從旁看到交易員在幾乎可能招致毀滅的市場反向部位上大規模提高部位，就可以切身感受到何謂「價值確信」。

但是直接忽視由市場主導的動能，也不是一項明智之舉。因為只要基數夠大，不合理的投資人也有足夠的力量可以撼動市場，並在一定的時間內改變市場的結果，使其不同於基本面的期待數值。避險基金巨頭喬治‧索羅斯（George Soros）提出的反射理論（Theory of Reflexivity）中指出，由於參與股票市場的主體們，會預測彼此的獎金與交易模式，做出先發制人的行動，因此市場上最重要的不是價值評估和經濟前景，而是市場玩家相互作用所帶來的持續變化。有時候人們會誤會這個理論，索羅斯想說的並不是股票市場的預測與前景，他想說的恰恰相反。他的意思是「對市場發生的狀況做出合理的應對，才是股票市場上唯一合理的行為」。股票市場上的所有玩家，都會彼此根據

不同的傾向與不完整的資訊進行交易，玩家們的相互作用，會使股票市場經常發生變化，因此我們打從一開始就無法進行「預測」。讓市場波動的不是特定的經濟狀況或金融變數，而是市場參與者們對於這些狀況和變數所採取的行動，會使市場價格發生變化。舉例來說，如果特定股價的買盤大漲，無關乎企業價值，股價還是會暴漲，等到某一個時間點，股價已經上漲得太多，投資者們又開始賣出股票，股票又會無關乎企業價值地崩跌。股價的預測不會決定股價漲跌，而是漲跌的動能形成之後，股價的預測才隨之而來。這也是為什麼，我們不能忽視除了企業價值以外的市場趨勢。

但是這個動能不是發生在股票圖表上的動能，我們必須要了解交易員的情緒與市場情緒等形成這個動能的原因。雖然很矛盾，但是我們必須要看懂動能，才能夠把握動能並適時脫身，也才能不被動能所動搖，採取反向部位從中獲利。

2. 對虧損的部位沒有清算原則

即便大腦可能已經了解，想要一口氣回補虧損已是不可能的事，但為了盡快彌補虧損，卻仍盲目進行交易。如果發生了 -50％的虧損，想要讓投資本金完全回血，下一次就必須要有 +100％的報酬率。從機率面來看，發生 50％虧損的可能性，與達成 100％報酬率的可能性，後者的難度應該是雙倍的困難。

獲利（虧損）率		(-50.00)%	+100.00%	(-30.00)%	+42.86%
投資本金	$1,000	$500	$1,000	$700	$1,000

　　當股價下跌到一定的水準（悲觀情境〔Downside Case〕的價格實現的話），部位就該縮小。有些交易員會認為「虧損總有一天會回補」，想以時間來換取，這是最基本的錯誤，也是我們最常犯的錯。為了盡可能降低虧損，我們該做的不是等待，而是必須要根據原則調整部位的規模大小。對交易員而言，懷抱希望是最糟糕的行為。

3. 急於清算獲利的部位

　　如果以長期投資為目標，當報酬率稍微上漲的時候，反而應該要擴大投資的規模，但如果急於實現眼前獲利而賣出股票，就會賺不到錢。真正困難的地方在於，當獲利的時候不急於交易，而是階段性提升部位的規模。反正沒有人可以預測市場的低點與高點，所以重點在於不被心理因素和市場的價格變化所影響。基本面分析可以幫助我們盡可能排除這種情感因素，成為我們得以中性思考的支柱。

　　決定我們持有一檔股票時間長短的唯一標準，就是股票的「內在價值」，只要股價不大幅超出自己所計算的價值，維持部位才是正確的選擇。

4. 投資缺乏變通

我經常看見周遭發生，因為執著在「我是對的」，因而錯失賺錢（或避免虧損）機會的情況。**以獲利為目標的交易員，目的是創造收益，而不是證明他們所建立的投資部位是正確的。**愈是過去曾創下大型成功投資案，對於自身直覺有強烈自信的交易員，愈容易掉入這個陷阱。由於他們過度仰賴自己的直覺與判斷，即便市場發出無數的反向信號，他們仍執著於自己決定的部位，因而蒙受鉅額虧損，而這種情況比想像中更常見。

我曾做空過一家以租賃護理設施和不動產給療養院為主業的健康照護公司。這是一位曾成功做空類似事業模式的健康照護股、甚至從中獲得三位數報酬率的 PM 所發掘的新投資案。相較於養老設施的清算價值，高到離譜的股票溢價，加上租賃獲利來源的承租方現金流不穩，以及無法預測的政府醫療保險給付政策所導致的營業利潤與人事費用變動等各項因素，好像都在暗示著股價必然走跌。

甚至這家健康照護公司的主要承租人之一，一家名為傑尼賽斯的養老院業者，由於連日來的虧損，股價跌至 1 美元以下，正面臨著被從證券交易所剔除的危機。按照這種情勢，承租人依序因為營業虧損與不堪負荷的現金流而面臨倒閉危機，承租人將無法支付建築物的租賃費用，作為出租方的公司也會受到大幅打擊，股價下跌理所當然被認為只是時間的問題。所以 PM 開始大幅提高空頭部位。

但是隨著時間流逝，情況卻與分析結果相反，股價持續上漲。

再加上這家公司還發放了將近 10％的高額股息，股價上漲加上高殖利率，使賣空的成本急劇上升。其實除了我們基金以外，還有不少其他避險基金也以類似邏輯與估值觀點，選擇對這家公司做空。但是這家公司與投資業界的觀點背道而馳，股價持續上漲了 2 年以上。每當這家公司即將發表新的季度業績報告時，PM 就會充滿自信地說：「這次又出現了一些新的破產承租人，這家公司的現金流將會遭受打擊。等他們再也無法支付股息，而且租賃收益中斷的話，股價必然會暴跌。」然而每次公開業績的時候又什麼事都沒有發生，接著他就會問說這倒底是怎麼回事，然後扔掉無辜的耳機，對著不管看幾次都顯示相同結果值的 Excel 模型生著無謂的氣。PM 還說他無法相信這間公司的管理層，以及他們報告出來的數字，他甚至親自前往舉辦醫療研討會的德州和佛羅里達州與管理層見面，當面向他們究責。由於大部分的療養設施業者都是財務狀況未被公開的非上市公司，PM 甚至還威脅管理層，要他們交出這些公司的現金流量表。不願意踏出紐約辦公室一步的他，親自出馬，折磨著公司的管理層，還找出非公開的事業報告書，就是不願承認自己的投資論據可能出了錯。隨著時間的流逝，賣空的價值逐漸被稀釋，其他在這段時間以來也維持在空頭部位的避險基金，開始接二連三清算部位。

　　華爾街避險基金這個行業圈子非常小，大多數情況下，在執行類似策略的基金底下工作的人員，彼此之間都非常熟識。雖然這不是由我親自負責的投資案，但我認為事已至此，就算是為了基金整體的報酬率，也應該要提出問題，所以我和業界的友人約

好一起吃午餐。對方是我們競爭對手的交易員，他們的情況跟我們很類似，持續進行了規模不小的空頭投資，但為了停損，最近剛進行了清算。

「I know, I know...」（我知道，我都知道……）

我什麼話都還沒說，他就先提出了那檔健康照護股的代號了，他說他知道我為什麼會在中午約他出來，但其實我之前是以要分享近況為由，約他出來吃午餐的。真是的，在這個地方想瞞什麼都瞞不住。

「你是怎麼知道的？你知道的話那就跟我說吧，我們真的錯了嗎？」

他雖然跟我同年紀，但從事避險基金交易員這一行的經歷已經有 9 年了。

「我們有可能是對的，但妳也知道以現在的情況來說，做空的費用根本無法被合理化。就算日後那家公司按照我們的模擬，進行大規模結構改組，但是股價下跌的幅度能否彌補這段時間的積累支出也還是個謎。承租人只要用政府的補助金來貼補不夠的租賃費用就行了，但從機會成本來說，如果繼續維持在這個部位就太不合理了，這樣有可能錯失其他的投資機會。」

他解釋了好一會兒為什麼要進行清算的原因，然後默默地告訴我，我應該要怎麼做。

「如果是我，我就會說服 PM 對部位進行清算。但是他當然不會聽妳的，而且光看數字，這個部位是合理的，像妳們 PM 那樣執著在完美估值的人，很可能不願意承認清算的時機點。聽說

他曾因為類似的案子大舉獲利，應該也很難擺脫那段記憶吧。」

「他當時那次賣空，也是撐了 2 年左右才獲得了創紀錄的收益，但其實上次的情況跟這次差很多，至少那家公司沒有發放股利。而且它是以全國為單位的療養院業者，規模也差很多，是一家營業費用不斷流失的公司。但這次這家公司不是啊。」

「所以問題才更嚴重啊。首先，要叫你們的 PM 放下自尊心，冷靜下來重新判斷。市場都告訴你這不是答案了，為什麼就是不聽？投資會議上，妳再提出來重新檢討吧，至少要留個有人踩過煞車的紀錄吧。」

自從那天吃完午餐後，我在每一週的會議上都主張要針對那樁空頭案進行清算，或至少要縮減部位。雖然跟那位友人預想的一樣，我每次都被忽視。最後讓那樁投資被清算的，是因為投資人持續抗議，甚至「威脅」如果不清算部位就不再出資，才讓 PM 不得不認輸。對投資而言，「犯錯不是問題，不願意承認錯誤才是問題」，對我來說，這是一樁最適合用來警惕自己「靈活思考之重要性」的例子，但同時也是最痛心的投資案例。

5. 無法分辨下注 vs. 賭博 vs. 交易的差異

你知道下注和賭博的區別嗎？這是我們日常生活中經常使用的詞彙，應該沒什麼人思考過它們之間的區別吧。下注是將計算過機率與情境變數後所得的結果，在最有勝算的選擇上賭上勝負的行為，而且下注所選擇的決定，是基於 100％正確的假設下所採取的行動。但賭博就不同了。賭博是完全無視機率與情境，或

是就算知道機率不高，但基於在賭盤上的喜悅與成癮所做的盲目行為。那麼股票交易屬於這兩個當中的哪一個呢？準確來說，有可能兩種情況都是，也有可能都不是。因為投資的世界並不是一場機率的遊戲，所謂的股票交易是要 100％確定自己所判斷的部位再採取行動，同時假設自己有可能出錯，再建立對應的避險策略，以此提升投資報酬率。也許在股票投資上，不管是下注還是賭博，收益所帶來的喜悅都很相似，但是在針對虧損的應對進退上卻有著根本上的區別。在賭場裡，即便沒有賠錢，但只要手上的籌碼都沒了，遊戲就結束了，虧損的極限也就到此為止。然而在市場上面臨虧損的時候，若不採取應對措施，虧損便有可能無限上綱。

最尊敬的投資人

很多人問我：「妳最尊敬的投資人是誰？」對我而言這是非常難以回答的問題，因為我很難只選出一個人。為投資打下基礎（foundation）的第一代投資人、當前華爾街最叱吒風雲的投資人、曾經是傳奇卻因一次失誤從華爾街舞臺上銷聲匿跡的投資人……我尊敬他們每一個人。不管是曾經風靡一時的，還是當前的明星基金經理人，或者是因反覆失敗而地位下跌的，又或是乾脆選擇引退的，都對我造成了直接或間接的影響。所以，如果要我選出一個模範人物，那應該是在這個地方生存到最後的所有人，他們確切是誰並不重要。

「不是最有能力的基金經理人活得最久，而是能活到最後的才是最有能力。」這是避險基金業界裡，一句半開玩笑半認真的俗話，因為即便經歷數次市場循環仍能持續營運基金，就證明這個人不管在任何情況下，報酬率都能夠戰勝市場。對我來說，比起今年收益最高的人，我更尊敬長期在業界堅持下來的投資人

們。所以說，經歷在這個地方非常重要。當然，經歷長不代表投資能力就很強，但是我們不能忽視那段與市場鬥爭的歲月，長時間作為一位投資人與交易員，他們積累了戰勝每段時光的經驗與感覺。舉例來說，只透過新聞或書本接觸 2011 年網際網路泡沫化與 2008 年的次級信貸危機，跟實際在市場經歷一切，完全無法相提並論。從未經歷過這種規模的衝擊與熊市的年輕交易員，和資深的交易員，在風險管理的能力、長期投資的觀點上，必然會有所差異。

但這並不表示只有經歷過相對近期市場的年輕世代，在實力上比不上資深交易員。跟過去比起來，現在獲利的機會明顯減少了。屬於價值投資創始人等級的班傑明・葛拉漢（Benjamin Graham），以及後來繼承這個體系的華倫・巴菲特、查理・蒙格（Charlie Munger）、霍華・馬克斯（Howard Marks）等第一代價值投資代表人物，假如在當今的市場開始投資，很可能也無法創下跟當年一樣的報酬率，他們也都公然承認過這個說法。資本市場一直在快速成長，有分析指出，市場參與者們愈來愈聰明，同時也有人主張，市場愈來愈大，參與者們愈來愈多，阻礙市場效率的隨機變數也隨之增加。不管哪一個說法是對的，重點在於把投資報酬率最大化這件事，已經變得比以前困難了。再加上目前市場上，幾乎不存在沒有相互關係的交易，所以過去可以用來防禦報酬率的「避險」策略也已經面臨極限。傳統觀點上，認為沒有相互關係的金融資產，如今也已經與市場連動，現在的我們生活在一個股票市場與資產報酬率密切相關的世界。舉例來說，

S&P500 指數 [65] 下跌 2% 的話，全球所有市場與資產都會朝相同的方向發展。由於單一且片面的金融市場再也不復存在，所以不論在任何情況下都必須創造獲利的交易員，就需要新的能力以及更精密的（sophisticated）手法，這是當今這個時代必須克服的投資挑戰。

所以我最尊敬的投資人，是長年以來在華爾街經歷過無數風波，仍然屹立不搖的第一代投資人，以及能夠適應快速進化的市場和投資手法，只有超越創新的速度才得以生存下來的現代投資人。只要能留在華爾街繼續投資的人，我都非常尊敬他們。

---

65 美國標準普爾（Standard &Poor）公司製作與發表的股價指數，是美國股票市場上最常被使用的標誌性指數。

最終生存者們的
祕訣

　　避險基金經理人必須是萬能型選手。投資有分慢速階段與快速階段，首先在決定好最終投資目標之前，在需要深思熟慮的慢速階段中，由於經理人必須要比任何人都更了解該企業與產業，所以需要歷經長時間的實際考察與深思熟慮。然而接下來，需要在短時間內進行的投資執行與管理階段，他們又要發揮本能與直覺，在短則以秒為單位變化的市場情勢，與長則不知道會持續多久的市場循環中，盡可能快速且準確地行動，找出最合適的投資部位。這份工作要求的是兩個完全相反的能力與技術，也許有人會懷疑，真的有人能夠兩者兼備嗎？確實有這樣的人存在，而我們稱他們為避險基金管理人。

　　我很喜歡觀察人事物，因為我的記憶力非常好，所以我會記得我身邊每個人的每個不經意的行為、每一句話、特有的癖好、習慣、行事作風。我的視覺記憶力特別好，即便我沒有什麼特別的動機，但是我的記憶力可以非常細微，甚至還可以把特定的情

況或事件如實重現。多虧如此，我把這段時間以來我看見的成功基金經理人的共同偏好、思考框架、交易模式等所有一切共同的特徵，都一五一十儲存在我的腦海中。我在一旁觀察他們的時候，感受到成功的投資人都有一些共通的必要條件。

1. 絕對不會停止參與市場

哪怕是一天，他們都不會完全從市場脫身，就算是平安夜、去馬爾地夫渡假、舉行婚禮的當天，還是他們飛到了地球的另一邊，他們都不會停止接觸市場。即使今天美國休市，但歐洲市場仍然有營運，就算是全球性的假日，那也只不過是隔天的前哨戰，市場不斷在運作的事實永遠不會改變。我們公司的某位避險基金經理人，他在自己的婚禮上，連新郎要進場時都無法放下手機，關掉手上的彭博 APP，最後還是伴郎強行奪走了手機。在計畫為期 1 週的蜜月旅行上，他也無法擺脫離開市場的不安全感，整晚都在跟位於紐約的同事聯繫，就不用提什麼佛羅倫斯的浪漫了。因為新娘太生氣，第二天他們就不得不返回紐約。這不是強迫症，他是真的享受這份工作，他只不過是一位跟著市場一起呼吸、一起運作，從中找尋自我存在價值的人。去蜜月旅行的第二天，他突然出現在辦公室，好像什麼事都不曾發生過一樣，回到崗位開始工作，臉上掛著無限平靜又幸福的表情。

2. 擁有可以快速承認錯誤的靈活思維

如果不攻擊就無法獲利；如果不防守就無法防止虧損。問

題在於若要將收益最大化，就必須同時擁有攻擊的部位與防守的部位，在兩個極端之間自由穿梭。靈活的思維是必要條件。即便對這次的投資非常有自信，甚至它還一度是投資組合中的最大部位，但只要市場給予「否定」的答案，或是評估計算本身有誤、甚至是單純的失誤，不論理由為何，都要有可以快速承認錯誤、清算部位的靈活思維。

3. 習慣拒絕一般的普遍觀念

他們無法忍受因群眾心理的壓力而成為不合理的一員，也無法忍受對於一般普遍的觀念照單全收，他們非常清楚獨立判斷與客觀思維的重要性。面對「大多數」的主張，保持冷靜且懷疑的態度很重要，但這件事絕對不像用說的那麼簡單，因為這個行為，違背了人類在跟大多數人站同一邊時，會感到安全感與容易產生信任的本性。當所有人都沉浸在牛市帶來的喜悅，與長時間漲勢所帶來的安全感時，也有一群少數人正在感到擔憂與不安。風險在大多數人認為是低點的時候反而是高點，而冷靜的投資人在感知到這一點時，就會開始尋找賣空的目標。

賣空若想要成功，需要相當大的耐心與承受相當大的痛苦。建立空頭部位的時候，需要借券並承擔這個過程中所產生的高額利息，同時還要等待股價下跌，是一場時間拉得愈長就愈不利的遊戲。再加上不管基本面再怎麼差的企業，在市場走揚時也會跟著大勢一起上漲，毫不合理被高估的股票，會經常發生沒有任何理由就漲停的情況。在這種最糟的情況下，他們之所以還能持續

保持空頭部位，就是基於對企業價值和股價下跌的強烈信心。對全球造成衝擊的美國金融危機發生時，預測到住宅市場將會崩盤，採取空頭部位的避險基金比比皆是，但是大部分在不動產泡沫化之前，就因為無法承擔高額的費用而破產。積累的空單成本、背道而馳的市值差所造成的虧損，除了這些會計上的費用以外，令人壓力更大、更難以忍受的，是必須看著市場強勢上漲所帶來的心理成本。我也有過幾次因股價走勢與我的預期長時間背道而馳導致心態崩潰、必須得放棄空單的投資經驗。當時如果可以再保持空頭稍微久一點，就有機會創下最高報酬率的紀錄，但這都只是事後諸葛而已，我只能乾脆承認，我的信心輸給了市場大趨勢的壓迫。

4. 擁有「具分析性的直覺」以及「具直覺性的分析能力」

普遍來說，我們會把分析能力與直覺能力劃分成兩種完全不同的才能，但我並不認為這兩種能力可以用二分法做區分。因為我經常看到分析能力極為優秀的分析師，在交易的時候也展現出非常卓越的直覺能力。而拿著特定商品或股票，詢問那些經常利用動物的直覺戰勝市場的分析師，又總會聽到他們回答出一些如果沒經過深度分析就無法給出的意見。如果不具備分析性的思考，就無法培養出直覺；如果不具備直覺的話，就無法歸納出高水準的分析。

在進行企業調查的時候，必須得同時運用這兩種能力。第一次接觸到某家企業的時候，單純透過數值或幾個事業狀況，就會

直覺產生投資方向，再以此為基礎建立初期的假設。雖然這些還不足以成為投資的論據，但本能上就會知道該從哪個方向下手。後續為了要驗證或推翻直覺所帶來的假設，就需要進行深度的資料分析與計算，這過程需要高度的分析能力。這兩項能力，沒有哪一個更重要或更不重要。在大部分情況下，只要擁有這兩項能力，就能成為成功的基金經理人而聲名遠播；而我也見證過許多因不具備這兩項能力，所以必須離開這個業界的案例。

不只是在投資的時候，在建立避險策略時，報酬率也會因為基金經理人的直覺與分析能力，產生天壤之別的結果。曾有一位10年來不曾虧損過的基金經理人，他在保持低變動性的同時還能夠戰勝市場，總而言之，他一直以來都維持著避險基金裡最理想的投資組合。他執行一件交易時，可以找到10檔以上彼此沒有相互關係的資產和股票，創造出完美對沖的現金流。在避險基金裡，我們稱之為「低相關性收益」（uncorrelated returns）。比起統計學上所謂的相互關係，更貼切的說法應該是，影響每筆交易的資產與股票價格發生變化的因素（price factors）是彼此獨立的。但是，其中只要有一個因素出錯，別說是整筆交易，整體投資組合的報酬率都會崩盤，所以絕對不可以有計算失誤或誤判，想要做到這樣，就需要完美的分析能力。進行交易時，假設個別收益趨勢的分析絲毫沒有誤差，就會形成理想的避險，同時也會實現避險基金所追求的「絕對收益」。但從建立投資組合的層面來說，需要擁有直覺的能力才能像這樣構思出數十筆以上的交易。

5. 執著，瘋狂的執著

聰明且具有實力的投資人，基本上都具有某種傾向。首先，他們確切知道自己了解什麼與不懂什麼。對於他們自己「不懂」的東西，會非常乾脆地承認並保持謙虛。但有一點大家千萬別誤會，他們絕不能忍受自己對不懂的東西一直維持在不懂的狀態。特別是跟自身產業有關的任何事，他們會非常敏感地接受自己不懂這件事，並且要超脫無知的狀態，深入探索到比任何人都更了解為止。這個過程所呈現的就是——執著。通宵翻遍超過數千頁的投資人報告書，只為了找到一個模型裡需要的正確數值，這種事已經是老生常談，為了找出建立假設所需的事實，他們願意花上數個月的時間實地訪查，就算要見再多人也在所不惜。如果用一臺電腦來比喻投資論據，就算是電腦裡的一顆小螺絲，只要沒有得出正確的理解與計算結果，他們就會表現出死纏爛打的執著。我深信這種執著，是成為成功基金經理人必要的條件。

關於華爾街工作與
生活的平衡

　　很多人會要求我講述在投資的歷程中，讓我學到最多、也最珍貴的經驗或時刻。這依然是個很難回答的問題，我的腦海裡，並沒有浮現任何一個特定的瞬間。雖然這麼說很像教科書上會說的話，但只要持續投資，每一個瞬間都會是特別的經驗及珍貴的教訓。找到可以輕鬆戰勝市場的交易必勝技與投資祕訣，這種只會出現在電影裡的情節，在現實中並不存在。所謂的「投資」，並不是每一筆分散的交易，而是建立投資部位的一個大趨勢，經由反覆的企業分析與交易，在不斷自我刺激與發掘的時間裡，培養出對投資的感覺。我們投資的目標，不可以是各筆交易裡所獲得的收益；投資最終的目標，是盡可能放大自己投資部位的長期報酬率。

　　身為一位避險基金交易員，我必須不斷思考要如何才能用最有效率的方式進入市場，不受到不斷變化的外部因素所動搖，反過來把我的投資部位建立得更加有利。這也意味著，我的工作與

日常再也無法被區分開來了。分析投資標的、建立投資論據、決定多空部位，忠於交易員的本分，盡可能發揮我的實力。那條劃分工作開始與結束的線消失了，我每一刻都不能離開市場。清醒的每一分一秒，都充斥著我對市場與部位的想法。但與其說這是一種非做不可，不如說這是出自於本能，我的大腦跟市場好像已經繫（wired）在一起了。不僅僅只有我，想要在華爾街這個特殊之地生存的所有人，都是這樣。

「工作與生活的平衡」這句話已融入我們的日常生活中，不管是美國還是韓國，都開始重視著工作與個人生活的平衡，特別是對千禧世代的年輕人來說，這好像是一個非常重要的人生關鍵字。現在這個時代，工作就只是工作，不管再好的工作或職業，只要無法保障我們的生活，離職再找其他工作似乎已不是什麼特別需要勇氣或特殊的事件了。但是當應聘者想加入以高強度業務量而臭名昭著的華爾街，卻問起關於工作與生活平衡的問題，我就會有些不知所措，因為我不知道他想要獲得什麼樣的回答。

「請問您都怎麼保持工作與生活的平衡？您一天工作幾個小時呢？要怎麼做，才能在華爾街裡，累積像您這樣的職業生涯呢？」

每年 9 月，為了招聘新的分析師，我都會回到母校。在華爾街令人窒息的壓迫感與速度下，每天身體的每個細胞都維持在最緊繃的情況，但只要搭上前往大學、碩士時期生活過的費城或紐哈芬市的火車，全身的肌肉就會放鬆下來，心情也會變得很平靜。從紐約的大中央站搭乘美鐵（Amtrak）回到母校不用 2 個小

時，當然，我連這段時間都不能浪費，也必須專注在連接到彭博系統的筆電上，然而光是火車逐漸遠離曼哈頓，窗外開始出現美國郊外的田野風光，就足以讓我的心情變得平靜。也許是感受到這些學生身上那種特有的活力，就算深夜才回到紐約，我也不會感到疲勞。所以當公司拜託我出差招聘新員工，我都盡可能不會拒絕（出差招聘一般來說很麻煩，而且也沒有錢領，所以大家都不太願意去。我們部門在我入職以前，都是抽籤決定，或是強行推派打賭賭輸的人）。

因為學弟妹們很可愛，我也想要幫助他們，所以我都盡可能親切地回答他們單純的提問。唯一會讓我感到不舒服的，就是這種前後矛盾的問題。對於自己想要什麼都還沒想清楚的學弟妹，我就比較直言不諱。

「不需要平衡。這裡沒有分什麼『工作』與『生活』，哪還有什麼平衡。你說你想在華爾街工作，又期待要有工作與生活的平衡，這件事本身就很矛盾，我看你不要浪費時間，找找其他工作吧。隔壁大廳裡正在舉辦其他朝九晚五 [66] 公司的招聘博覽會，你可以直接過去那裡。」

雖然聽起來可能有些過於冷酷和沒有人情味（實際上也有學生因為這種方式的回答感到受傷而黯然離去），但是我認為，如果他對某種職業懷抱著夢想，正確面對現實才對他更有幫助，我

---

[66] 早上 8 點至 9 點上班，下午 5 點至 6 點下班（極致正常）的職業或者公司，被稱為「nine-to-five jobs」。

只不過是實話實說而已。想要過著舒適又安穩的生活，為什麼要選一個最累又最不穩定的職業？如果只是想要賺大錢，那還有很多其他的選擇。華爾街是一個不容小覷、也不能抱著太夢幻的想法進入的地方。

我的失與得

　　所有事都有一體兩面，在華爾街度過 20 至 30 歲的我，雖有所獲得，但也失去很多。我失去的是，不能像別人一樣華麗地享有 20 幾歲時的青春與健康（我現在才 30 幾歲，但這段時間以來身體已經以各種形式崩壞，已是老毛病的掉髮症狀與皮膚病，也是工作壓力造成的）；現實生活方面，因為時間不夠的關係，人際關係也在一定程度上變得狹隘。但這些跟我所獲得的東西比起來，簡直不足為道。如果詳細把我獲得的東西列出來，即使寫滿一本書都還不夠記錄，所以我會從廣義上選出幾個比較具代表性的部分。

　　第一個，「discipline」。可惜的是，沒有任何一個韓文詞彙可以準確表達出這個單字的意思，直譯的話大概是「紀律」、「訓練」、「鍛鍊」之意，但這個單字的實際含意遠大於此。透過高強度訓練所完成的自我鍛鍊，基於嚴格的自我控制能力，培養出特定工作的優秀能力，若是能經歷過華爾街的「discipline」，再

把它融會貫通成為自己的能力，它將會是最珍貴的資產。就算熬了好幾個晚上也要找出問題的執著、以沉著態度面對無時無刻都在變化的市場、執行投資論據的行動力、執行投資的推動力、果斷交易的決策能力、對自己的 P&L 與信賴自己的投資人負責的責任感、對自身投資組合的主人翁意識……多虧不這麼做就無法生存的華爾街組織結構，才使我能夠重新學習、從中領悟，完整地把這一切變成是我自己的東西。這所有的一切都會成為我畢生的資產，跟在我的身上，即便我日後離開華爾街進入另一個截然不同的世界，這依然會是自我保護的最佳利器。

第二個，人。我指的是向什麼都不懂的我伸出援手的人，還有在我成長到可以幫助別人之後，我伸出援手所幫助過的所有人。之所以有今天的我，除了我自身的努力以外，也歸功於看見我的潛力而投資我的嚮導與導師們。回頭想想，在華爾街這種什麼都要計算、依自己的利益行動、沒有「白吃的午餐」的地方，我卻可以遇到願意單方面幫助我、毫不保留分享祕訣給我的人們，也許我特別有貴人運吧。但是有一點，是所有幫助過我的人毫無例外都說過的話。

「看到妳，我就好像看到 20 幾歲的自己。」

不管是誰，只要在別人身上看見年輕時的自己，好像都無法坐視不管，我自己也是這樣。當我漸漸開始可以帶領別人，會讓我特別有感情的年輕人，都是從他們身上，讓我彷彿看見十幾年前的自己的人。映入我眼簾的，都是雖然沒有華麗的背景，也沒有特別聰明，偶爾還會犯錯，但是特別努力，以求知若渴的精神

武裝自己，從某方面看來有點可憐的年輕人。我沒有辦法對他們坐視不管。就算是要騰出自己的時間，我也會陪他們到凌晨，盡可能多教他們一點。雖然這件事不會有任何回報，但我都會想起以前徹夜在我身旁，一點一滴教導著我的導師們。

曾有一次，我在某次交易的對桌上，與我曾經教過好一陣子的年輕人重逢。這個圈子本來就很小，就算換了工作，也經常會以這種方式重新見面。過了幾年再相遇，我看著他比我更熟練地在引導著整樁交易，不知道為什麼心頭卻湧上了滿滿的自豪感。

第三個，現在進行式的夢想。不管累積再多經驗，在這裡每天都還是會學到很多新東西，也充滿著機會。在這個學習與成長沒有盡頭的地方，「夢想」永遠都是現在進行式。我喜歡不管在哪個時間點、爬上了哪一個位置，都不能安於現狀的不安、緊張與源源不絕的刺激感。我在 20 歲的時候也曾「夢想」過「要在幾歲時進入華爾街、幾年之後要賺到多少錢、要在哪一家公司爬到哪個職級」。但在華爾街工作幾個月後，我就徹底明白這些夢想是多麼沒有意義，它們絕對無法成為我未來持續成長的原動力。職業或年薪不能成為人生目標與願景的原因很簡單，因為當我們抵達那個階段之後，繼續引導我們前進的「下一步」就會從此消失。下一步是什麼？要維持現狀嗎？還是要追求其他職業與更高的年薪？這些沒有任何意義，也不能賦予我們動力。雖然華爾街大多數的行動都基於在這種物理性的獎勵之上，但如果受到動搖與吞噬，絕對無法在華爾街長時間生存下來。這種經驗，我經由身邊的人間接體驗過就足夠了。

　　如果 20 歲的夢想，到了 30、40 歲都沒有變，那將是件非常悲傷的事。幸好我現在的夢想跟 20 歲時完全不一樣了。我的成功哲學非常平凡且有原則，我只要努力把自己擁有的一切發揮到極限，成為一個對我所屬的組織乃至社會絕對具有幫助的人，僅此而已。如你們所見，我的目標裡沒有什麼清楚的「結果」或「成果」，我的成功哲學不是要爬到哪個位置，或是要達成什麼物理性的目標。在這個資本主義的金字塔裡拚命生活過，反而有更多機會試著去思考資本主義所帶來的極端、兩極化與分配的公平性。雖然資本主義導致這些事情的發生，但我現在更相信只有資本主義能夠導正這一切，我希望有一天能夠親自證明這一點。為此，我必須在這裡不斷自我發展、成長與獲得認可，創造出一套能夠讓我更靠近自我願景的最佳方法。華爾街，擁有著讓我實現夢想的最佳環境。

離開華爾街的
原因

　　然而，當我待在華爾街的時間愈長，我就發現愈來愈多不對的地方。雖然這裡的體系表現上看起來非常合理與公正，但其實這裡也跟人類社會的其他所有體系沒有兩樣，充滿了各種副作用、矛盾與弊病。在這裡，能力絕對主義很容易轉變成為具有強烈成癮性的成功絕對主義，只要可以達成符合這世界所定義的成功，不管任何事都可以被合理化。我也曾親自體驗過那些違背標準、墮入能力主義的華爾街組織，這種現象在年底發放獎金或進行人事考核的 1 到 2 月之間最為嚴重。

　　每年年底到隔年年初之間，華爾街企業進行人事考核並發放年度績效獎金的時間，被稱為「獎金季」。這段時期，在各種媒體的主導下，被稱為「惡魔獎金派對」，媒體會仔細報導華爾街績效獎金的給付狀況與重點人物的升遷狀況，吸引了全世界的目光。當然，媒體從來沒有用正向的方式描述過這一切，因為媒體所描述的華爾街形象，永遠都比較靠近罪惡之軸。雖然事實被

嚴重扭曲，但是這種華爾街的形象才會被社會大眾所買單。實際上，不可能有人全然了解，華爾街的這些人，很可能會因內部評價而站上人生的分岔路。

正如外界所述，有些人會獲得百萬獎金，並按照華爾街的慣例，在成功的康莊大道上乘勝長驅。但也有很多人會在 1 月的某一天，在毫無事前預告的情況下被叫進老闆的辦公室，然後被告知今天是最後一天上班，接著在人事部職員面前收拾行囊，安靜地離開公司；這一天，也是他們在華爾街的最後一天。當這種極端的季節來臨時，我總會突然回顧起這段時間以來被認為是一種奢侈的自我反省，與這段在華爾街的日子，想著今天是不是我要離開這裡，明年會有幾個空位，這些空位又會由誰來替補。不只有我，所有看起來好像沒事、用著跟平常一樣的自信心武裝著自己、穿越像地獄一般的曼哈頓大道來到辦公室的大家，腦海裡都至少閃過一次這樣的想法。下面是某一年，在辦公室迎接平安夜的我，所整理出來的幾項「離開華爾街的原因」。

1. 被華爾街拋棄或拋棄華爾街

前者是不論我願不願意，但是這個產業排擠我，要求我離開。雖然也有可能因為組織內部不和睦而遭到排擠，但如果是這種情況，華爾街公司這麼多，只要再去另一間就行了。然而比較高機率的情況，大概是我的能力到了極限，無法繼續在這個產業立足了。後者是我先承認自己的極限在哪，在被華爾街拋棄之前，先行離開華爾街。這兩種狀況只不過方法不同，但根本上的

原因卻相同，都在說著：我起初就沒有足夠的能力在這個地方與他人競爭。

2.「錢」的吸引力不復以往

這就是邊際效用遞減法則。就好比我們吃了好幾塊蛋糕之後的滿足感，跟剛吃第一塊蛋糕的滿足感比起來，隨著蛋糕數量的增加，心理層面的滿足度反而有所減少。對於愈是靠近金錢的人而言，金錢的價值必然會愈快得到也愈快瓦解。如果能夠短時間內在華爾街取得成就，立刻就會獲得以金錢為形式的物理性回報，但是對愈快且愈輕易得到的人而言，這份回報所帶來的邊際效用就會減少，內心也會感到相當不安。

3. 價值觀與個性的變化（或進化）

假如我一直以來都是 A 類型的人，我的職涯、目標與人生觀也都是按照 A 類型所設定，但倘若後來我忽然感覺自己好像更靠近 B 類型，便會開始感覺到我已經不再需要 A 類型的世界觀了。有很多人年紀輕輕就進到華爾街，整個 20、30 歲的時光都投入在工作之中，卻在某個瞬間領悟到這不是自己想走的路，最後離開華爾街，開始走向完全不同的領域。有些人在投資創投事業之際，中途決定要親自成立一家新創公司，因而放棄了原本經營得有聲有色的避險基金經理人一職；也有人當了好幾年的銀行家，最後為了在自己有興趣的產業中擔任領頭企業的最高管理層，因而離開華爾街。白話來說，他們離開了利用錢滾錢的華爾街式

「價值創造」，開始親自建立、營運並實際創造出某樣東西，追求著真正的「價值創造」。

4. 個人生活的匱乏

這部分應該不需要多說明吧。在華爾街工作，你的人生就等同於是華爾街。華爾街是一個極度需要犧牲個人休閒生活、工作以外的自我開發、辦公室以外的人際關係，甚至犧牲家族與人生等所有一切的地方。雖然沒有任何人強迫我們這麼做，但是為了不被淘汰，為了在這個地方生存下來，隨著壓力愈來愈重，誰都無法避免這麼做。無法忍受這一切的人，就會自己離開華爾街，而且沒有任何人會挽留你。

華爾街是一個需要透過強大競爭、許多人搶著進來的地方，無時無刻都有無數人懷抱著夢想踏入這裡。但與此同時，也有很多人決心不再回到這裡，咬著牙離開華爾街。這些人的離去，有可能出自己所願，也有可能並非己意。

無法離開華爾街的
原因

　　即便如此,人們還是無法離開華爾街。不對,是不能離開華爾街。雖然離開華爾街的原因如此之多,但華爾街也確實提供了束縛著我們的價值主張。

　　我個人還蠻信奉華爾街所標榜的能力絕對主義。即便是像我這種來自外國、家世背景也不突出的人,只要能遵守華爾街的遊戲規則,在競爭中取勝,華爾街就會毫無例外地給予我們相對的報償。我們接受到的教育是,雖然起點可能不同,但在這個體系裡,只要有能力就一定可以往上爬,我不斷在這個體制中競爭並取得好處,而我也不知道還有哪一個舞臺能夠使我繼續成長。對我來說,「無法離開華爾街的原因」跟「離開華爾街的原因」,是一樣的。

1. 被華爾街拋棄或拋棄華爾街

　　在華爾街拋棄我之前,我沒有理由拋棄這裡。到目前為止我

還沒被迫離開，這也表示我的實力獲得驗證，我的能力也還沒到達極限。至少到目前為止是這樣。在我還未感受到自己的極限並選擇放棄之前，我沒有理由離開華爾街。

2.「錢」的吸引力不復以往

沒錯，這是邊際效用的遞減法則。但這僅限於一開始就盲目只以「想要賺大錢」為由而進華爾街工作的案例。這個理由相當狂妄，根本不把華爾街放在眼裡。如果只是想要賺大錢，其他方法多的是，可以去的地方也很多。對於除了金錢以外沒有其他願景的人而言，華爾街是地獄；但對於懂得把錢當作一種手段，想要利用支配市場的力量，實現更高願景的人而言，沒有比華爾街更有效率、更積極的舞臺了。錢所帶來的邊際效用愈來愈小，就代表我離自己的願景愈來愈近，這件事簡直令人心潮澎湃。

3. 價值觀與個性的變化（或進化）

每個人的價值觀或個性都一定會遇到轉捩點，但是華爾街具備著少數幾個可以讓這個變化往積極面發展的環境與體系。華爾街提供給每個人最有效成長的墊腳石，就算在這裡發展出與過去完全不同的個性，也不會阻礙我們的道路，華爾街反而能夠帶給我們能力（skill set），讓我們充分發揮在這裡的經驗，盡最大限度應用在我們新的人生道路上。即使工作完全轉型，但不管喜不喜歡，我們依然會一輩子帶著「曾在華爾街工作」的標籤，這點就證明了這一切。有些人會責備華爾街的「價值觀衝突」，

直接批評整個華爾街的產業，為了把自己跟這個群體做劃分而離開華爾街，但這是相當狹隘的行為。華爾街的價值觀並非千篇一律，即便真是如此，利用這種被害者意識來批評自己曾經待過的產業，我認為這樣的人，應該要先思考自己的價值觀是否正確。不管是哪個行業、哪一個組織都避免不了價值觀衝突。華爾街是一個尊重價值觀多元性的地方。在這個只用報酬率來決定一個人成敗的地方，也沒有多餘的空閒——去接納每個人的牢騷。所以對於了解這個體系價值的人來說，華爾街是一個絕對不能離開的地方。

4. 個人生活的匱乏

　　個人生活與工作融為一體，難道就一定是不好的嗎？如果對自己的工作充滿自豪與熱情，如果目的不在於領薪水，而是真的在從事一件讓自己開心且興奮的事，生活圍繞著這件事運轉，不是很理所當然嗎？對於整天不論何時何地都與市場融為一體，思考著企業投資價值、明天的交易，從這些行為上找尋自我認同的人而言，時間根本就不分公私。「工作與生活的平衡」對於要把公私劃分開來才會感到幸福的人很重要，但對這些人來說，「工作與生活的平衡」這句話根本毫無意義。有一位已經結了第三次婚的明星基金經理人，他看著彭博系統畫面的時間，比看著自己老婆跟孩子的時間還長，他偶爾還會在 CNBC 或彭博 TV 露面，甚至還曾被傳喚到白宮；雖然負責離婚訴訟的律師經常在他的辦公室進出，但我卻從來沒看過他對自己的個人生活有任何不滿，

因為他真的很熱愛自己的工作，而且做得很好，也從中獲得認可，這是他生活的動力。也許對他來說，真正的「不幸」，是他長時間在華爾街耕耘的成績、地位、聲譽被奪走，或者是他最終必須離開華爾街的時候吧。我並沒有說任何一方是對或錯，只是每個人的價值是什麼、對什麼事情感到興奮，以及什麼事會讓自己幸福的標準不同而已。對於朝著自我標準勇往直前的人，任何人都沒有資格說什麼。

PART

4

華爾街日記

不做銷售的業務

　　公園大道（Park Avenue）是一條貫穿曼哈頓中城的大馬路，到處都是特 A 級的辦公大廈。大部分的投資銀行、私募基金、避險基金等金融公司的全球總部都設於此，所以當我們踏進公園大道的瞬間，就會切身感受到自己身處於金融世界的中心。我大學時期曾待過的費城，雖然那裡也是美國的大城市之一，但不管哪個城市都無法與紐約相提並論。當年我還只是個 19 歲的學生，花了 2 個小時才終於從費城抵達紐約市中心，當時我被紐約的華麗以及公園大道獨特的氛圍所震懾。在公園大道上無數家基金公司中，我與身處在某間大廈的學長見了面，他請我喝了咖啡，並給了我建議：

　　「Always sell yourself.」（不斷行銷自己。）

　　雖然我不懂這句話的意思，但是眼前穿著十分合身的西裝、舉手投足充滿自信的前輩，看起來實在太帥氣了，我只是不斷地點著頭。

　　「除了面試的時候要保持自信以外，拿到錄取信後也還是要保持自信。無時無刻，不論妳在哪裡，都要準備好行銷自己，妳的腦海裡至少要刻著 3 個賣點，讓別人知道為什麼要選擇妳，以及為什麼要和妳共事。」

　　這些話非常重要，但是學校的課堂上並沒有教。有人願意這樣直接了當地告訴我，這個對於出社會而言如此基本的守則，我真的非常幸運。像華爾街這樣徹底以損益計算來運作的地方，這個現象也許會更明顯，但其實這個概念可以適用於所有的產業與職業。我存在的理由、這個組織需要我的理由、為什麼你必須要購買我推薦的商品、為什麼你應該投資我所管理的基金，我必須要不斷證明自己的價值，說服他人。即便華爾街以什麼樣的方式，包裝各式各樣不同的職業群體，但最終說來，我們就是業務。賣東西本來就比買東西難，我們要「銷售」的對象不只是客戶或未來的雇主等外部關係人士，也包含了目前的職場上司、公司同期，以及對現在的我而言是乙方、但不知什麼時候會以甲方身分出現的業界友人。我認為，專業精神是身為銷售人員最基本的態度。我為什麼要跟你一起工作、為什麼要發給你比其他同期更高的獎金、為什麼你比你管理的其他任何客戶都更重要……要「賣」某樣東西給跟我有接觸的所有人，這個單字的語氣聽起來有著微妙的負面與廉價感，但恰恰相反的是，訓練好「如何妥善銷售自己」是一個非常重要的生存能力，它會成為我們巨大的資產。毫不掩飾，非常開放，在某種意義上很激勵人心的華爾街文化，對我而言具有著這般強大的魅力。

我待過的所有組織裡，唯一對銷售的價值感到排斥（至少表現上是這樣）的組織，就是麥肯錫。經營戰略顧問業跟華爾街金融世界，本來就是完全不同的世界，也許他們追求的價值有所不同，但是在當年 21 歲的我眼中，真的看起來不太討喜。被稱為 BA 的麥肯錫新人，會跟世界各國麥肯錫辦公室雇用的其他 BA，共同參與一個為期 1 週的 BAT（Business Analyst Training）訓練，概念相當於韓國企業的新人訓練。我本來也要跟美洲地區的 BA 們一起參加美國的 BAT 訓練，但由於我一被錄取就立刻投身到顧問計畫中，所以進公司許久之後才參加了在雪梨舉辦的 BAT。比起剛拿到錄取信（offer letter）的其他新進 BA，已經實際工作過 3 個月後才參加訓練的我，用著非常冷酷的態度反駁著進來教育訓練的顧問（我印象中自己沒有這麼誇張，但後來聽夥伴說，他在教育期間對我「態度」〔attitude〕的評語是──非常傲慢）。有一次，一位雪梨辦公室的資深合夥人，跟我們這些接受教育的 BA 一起共進午餐，他講述著「麥肯錫追求的價值」（McKinsey Values）。

「We don't sell.」（我們不做銷售）

這是他的第一句話。在新進員工們炯炯有神的景仰目光下，雖然不大聲，但他用著有分量的聲音，平靜地繼續說道：

「麥肯錫不做銷售。麥肯錫追求的價值不是銷售，而是創造需求。我們相信這些組織的價值，會對社會帶來有意義的影響力（impact），這就是麥肯錫存在的理由。」

乍聽之下，這是一個非常高尚，甚至讓人感覺像在聽非營利

組織願景般的優秀企業文化和經營哲學，而這也是創立麥肯錫組織價值與原則（McKinsey Values and Principles）的早期合夥人馬文·鮑爾（Marvin Bower）的創立理念。

「可是我們又不是免費提供諮詢，且收取的諮詢費用還是業界最貴，麥肯錫的商業模式不就是『銷售』顧問們的戰略諮詢嗎？哪有不做銷售？」我一臉不滿意地繼續聽著合夥人的演說，環顧了四周，觀察著周遭的反應，但所有人好像都一臉頗有感觸，吃飯的過程中還做了筆記，認真寫下這些話。也許這些人當中，有人這輩子的夢想就是成為麥肯錫的合夥人吧。

「影響力，是麥肯錫顧問需要創造出來的最高價值。我們雖不銷售商品，但我們追求的是社會影響力，所以我們免費發布《麥肯錫季刊》（McKinsey Quarterly）這類分析報告期刊，引領著真正的價值。大家應該都讀過麥肯錫設計合夥人畢德士與華特曼的著作《追求卓越》（In Search of Excellence）吧？這就是所謂不銷售的影響力。」

「他在說什麼鬼話……是我聽不懂嗎？麥肯錫根本就不是不銷售、只追求影響力，而是為了建立影響力，正努力銷售著『諮詢』這項商品吧……」

一直圍繞在我腦海裡的話，最終還是脫口而出了。

「所有行為歸根究底不都是『銷售』嗎？免費發布具有影響力的麥肯錫報告，以及為了不讓合夥人們親自拜訪企業爭取專案，藉由主辦產業研討會邀請大企業的董事……我怎麼聽，都只是被包裝得很漂亮的銷售行為。」

　　聽到年幼的 BA 充滿霸氣發表著簡直令人錯愕的言談，寬敞的餐廳突然鴉雀無聲，雪梨辦公室的合夥人也靜靜地凝視了我幾秒鐘。

　　「麥肯錫的品牌不是賣得很好嗎？而且諮詢費用還是業界最貴。」

　　我雖然沒有期待能獲得什麼特別的回答，但是這位合夥人的口中，還是只能說出用相同詞彙所組成的句子。只不過，這次他特別強調了每一個字。

　　「McKinsey, Does, Not, Sell.」（麥肯錫，不、做、銷、售。）

　　哪有……

　　「But we do...?」（但我們確實在做銷售啊……？）

　　我沒打算要讓所有人都感到不舒服，只不過是不小心把我真實的想法說了出來，我認為人資部完全可以寫上「concerned with her attitude」（擔心態度不良）與「need guidance with firm values」（對企業文化與價值認知不足，需要指導）的評語。結果那位合夥人似乎認為沒有必要搭理我的不良提問，逕自繼續他的演講，直到最後，我都沒有獲得一個可以令我心滿意足的答案。

　　後來我所經歷過的華爾街所有組織，都非常誠實且一貫地追求著銷售的價值，我也可以毫不介意接受這樣的文化。我最終還是找到了適合自己的地方，就算現在再問我一次，我依然還是會說麥肯錫的顧問，追根究底就是業務。

我不是
「亞裔」銀行家

　　華爾街的成功之路上有兩個最大阻礙，而且是對白人男性而言根本不存在的「有條件阻礙」——也就是加諸在所有「非·白人」、「非·男性」身上的劣勢。對於身為非白人的少數種族，特別是加諸在東方人身上的各種差別待遇，愈往上爬就愈嚴重，這個現象也被稱為「竹天花板」（bamboo ceiling）。其實光從「竹天花板」這幾個字就可以感受到種族歧視，但在以白人為中心的社會裡，連這種有問題的社會現象，也要用他們覺得便於理解的方式來稱呼。

　　歧視，從我們踏入就業戰線的那一刻就開始了。華爾街金融公司在挑選員工時，會強調所謂的「文化契合」（cultural fit），這個標準是用來判斷這個人「是否能夠妥善融入我們的公司，能否做好團隊合作」。當然，這件事情非常主觀，他們口中的「我們」不僅包含實力和圓滑的個性，他們所謂的社會化，除了與公司資深員工的溝通以外，能與大企業客戶交流的高級溝通能力也

只是基本盤。其中還包含午餐時間能不能談論美式足球、會不會開無聊的玩笑、能不能在晚上的雞尾酒派對毫不尷尬地跟初次見面的人自然談論美國的政治、時事問題與瑣碎日常對話，這對美國本地化愈徹底的人而言愈有利。華爾街在挑選東方人的時候，並不是在選一個有實力的東方人，他們只不過是在挑選美國人才的過程中，剛好這個人是東方人而已。除非是在美國出生、在美國長大，完全吸收了美國文化的美國人，否則真的很難被選上。像我這種外國人，只能在他們定義好的遊戲規則中競爭，完全沒有選擇的餘地。我必須發出某種信號，表示「我只不過外表看起來是東方人，但是在文化方面是跟你們沒有兩樣的美國人，拜託接受我，讓我成為『我們』裡的其中一員吧」，必須這麼做，他們才會多看你一眼。對美國白人男性而言，這一切是多麼自然；但對我而言，需要的是一份費盡心思創造與加工過的認同感。

　　他們對亞洲人的偏見大概是：順從、安靜、自我主張不強、消極但認真工作、對數字很敏銳。美國白人眼裡的東方文化一般來說是這樣的，雖然說這是偏見，但某個程度來說，也有很多符合現實狀況的部分。雖然不是所有人都這樣，但不可否認，大部分亞洲人都有上述這些傾向。所以亞裔美國人若想在美國社會裡最保守、最上流的華爾街被認可，都必須要面對這種人種成見，持續證明自己不屬於這種刻板印象，而且還會覺得這偏見過於煩人，乾脆反其道而行拿它來利用。

　　這是我在 JP 摩根紐約辦公室面試時所發生的事。一位面試

我的 MD 級銀行家，一看到我脫口而出的第一句話是：「妳應該申請去香港或中國上海辦公室面試，為什麼來紐約？」這句話聽起來就是說，亞洲人就該在亞洲市場工作，為什麼跑來華爾街？「很好笑對吧……」在紐約皇后區出生，從小到大住在紐約的他，已是一個有 12 年資歷的華爾街銀行家了，除了偶爾會到倫敦出差以外，別說亞洲，根本連其他國家都沒去過。即便他是在紐約有一套高級別墅的高薪銀行家，但從某方面來說，他仍是一個被狹隘世界觀所束縛的可憐之人。我的履歷表孤零零地被放在他的桌上，他連看都沒看一眼就問了我：

「How is your quantitative skill?」（妳的數理能力怎麼樣？）

真令人無言，你在問我的數理能力嗎？身為白人的你竟敢問我這個問題？聽完剛剛的話心情已經夠糟的我，就直接回嘴了。

「你可以懷疑我的溝通能力，也可以懷疑我的交際能力，但請不要懷疑我的數理能力，因為正如你所說的——我是個亞洲人。」

說出句句帶刺的話之後心裡舒坦多了，至於面試，就順其自然吧……那位銀行家可能沒想到我會說出這些話，一改原本上身後仰的傲慢坐姿，立刻把身體傾斜到桌面前端，對我說：

「啊……我不是這個意思，請不要誤會。我這個人很討厭種族歧視。如果有冒犯到妳，我跟妳道歉。」

雖然不知道每個人心裡是怎麼想的，但至少從表面來說，美國社會禁止任何形式的種族歧視發言和行為。由於再小的事情都很可能引發法律訴訟，所以表面上要嚴格控制表現出來的歧視。那位銀行家應該也是害怕自己無意間說出的話，可能引發不愉

快，為了打預防針才立刻道歉。當然，他會這麼做也是因為他意識到我不是那種會輕饒素放的人。一般亞洲的面試者，就算生氣也會自己吞下來，平靜地繼續面試，但只能說他偏偏遇上了我。

　　還有另一次這樣的經驗。當時我在花旗集團M&A部門任職，參與了引發廣泛討論的萬豪酒店與喜達屋大型酒店併購案。就如同所有的併購案一樣，在成交之前我們遇到了無數阻礙，不過萬豪與喜達屋的併購案卻特別坎坷。我們團隊是向被收購方喜達屋酒店提供諮詢服務的銀行家。經過長時間的競爭投標、股東價值評估，並在與潛在被收購公司們協商後，最終這樁案子以與萬豪酒店合併劃下句點。美國公平交易委員會針對壟斷法的法律檢討也幾乎已經完成，預計最後會經由兩方公司的股東大會，對併購拍板定案。

　　眼看改變全球飯店業版圖的歷史性交易即將完成之際，卻突然有競爭者介入其中，是一家由中國安邦保險主導的財團。在目前的交易過程中，我們已經與和萬豪競爭的凱悅、洲際酒店進行了雙方之間的排他性協商，但安邦的情況就完全不同了。最後中國安邦保險以非合意併購（unsolicited offer）的形式突然加入戰局，這場交易成為了萬豪酒店、安邦保險與喜達屋之間的三方交易。對於喜達屋而言，如果對方提出的條件自己毫無興趣，只要不予理會就可以了，但結果卻是喜達屋不得不考慮安邦保險的提案，因為安邦所提出的收購價大幅高於萬豪酒店，每股為 78.00 美元，總收購價格高達 132 億美元（約 15.8 兆韓元、4000 億新

臺幣），而且是 100％以現金支付。而萬豪酒店所提出的價格，每股僅有 63.33 美元，其中現金價只占了 2.00 美元。眼看距離股東大會只剩 10 天，所有一切都可能回到原點。我們必須要按照中方所提出的新條件，幫助喜達屋做出最佳的判斷。我們整個團隊都進入緊急狀況，只花費 1 天的時間就完成了所有分析，並在喜達屋酒店的特別理事會議上提出分析結果。就在此時，一場不可思議的競標戰局開打了。萬豪為了不讓安邦保險搶走喜達屋，把收購價格上調到每股 79.53 美元，也提高了現金的比例，隨後安邦保險好像已經安排好似的，把收購價上調至 81.00 美元，接著又上調至 82.75 美元，並維持 100％現金比例的優質條件。

從這時候起，我們開始對中國收購方不合理的併購競爭與籌資能力產生懷疑，我們無法得知他們要如何 100％以現金的形式籌措到這麼大筆的資金。我們產生合理懷疑也是理所應當的事，我們針對中方提出的併購結構在現實上執行的可能性，向喜達屋的管理層和理事會明確提出相關風險，這也是作為銀行家的義務之一。果不其然，正當我們徹夜針對中方如何計算出約 140 億美元規模的併購價完成分析，準備要向喜達屋理事會發送最終諮詢意見時，午夜辦公室的電話卻大聲響起，電話另一頭是為安邦保險提供諮詢的銀行家。

「你們聽好了……明天就會有媒體報導出來，但我覺得應該先跟你們說一聲。安邦保險不會再繼續參與喜達屋的競標了。」

「？！？！？！？」

大半夜打了一通電話，表示要退出數百億美元的交易，我該

做什麼反應？沒有經由正式書面解釋放棄收購的原因，也不是由
對方的管理層告知，反而是從一位銀行家口中說出這種話？這在
商業界裡根本不可能發生的事，華爾街也有所謂的商業道德啊！
我打起精神，問了他：

「原因是？」

「你們馬上就會知道了，明天媒體所發表的內容就是官方的
立場，我不能再透露更多了，就當作我沒打過這通電話吧。但是
身為一位銀行家，出於良心，我只是先給你們一點提示。」

對方隨即掛斷了電話。我馬上向上級報告了這個消息，但我
們也不能做什麼。隔天上午，透過《紐約時報》、《華爾街日報》
等刊登在各家媒體上的報導，我們才終於確認了這項事實。表面
上的原因是，由於中國政府不發放許可，所以他們必須退出這樁
收購案。當然，這只是不像話的辯解，如果是這種原因，事前怎
麼可能會不知道。多虧安邦，整個飯店業天翻地覆。安邦突然跳
出來，點燃了收購的戰火又突然消失，可想而知要用大幅高出原
本計畫金額進行收購的萬豪酒店有多麼憤怒。這件事在華爾街遺
臭萬年，非常有名，而問題出就出在，這案件的主角是一家中國
企業。

銀行家 1	天啊……我活到現在，還真的第一次看到有人突然跳進來，把收購價拉高之後又一聲不響突然消失。這就是傳說中的撿到爛攤子嗎？
銀行家 2	亞洲金融市場就有點像是落後國家啊，哪有什麼

像樣的商業協議？

銀行家 1　這種事很常見嗎？妳說說看，亞洲人本來就都這樣做生意的嗎？

　　我不知道為什麼火會燒到我這裡來。我知道大家這段時間以來都為了這樁交易非常辛苦，經過這件事之後，他們為了想緩解一下緊張的氣氛，所以才不經思考說出這些話，但我還是很糟心。

　　M&A 交易成交之後，最後的階段就是支付收購款，我們稱完美落幕的交易為「結案」（closing）。交易結案之後，為了紀念這次交易，收購方與被收購方公司的重點人物都會齊聚一堂，舉辦派對。派對上也會邀請在收購過程中提供各家企業諮詢的投資銀行家們，我們稱之為「結案晚宴」（closing dinner）。晚宴的規模比較盛大，且交易規模愈大，投資在派對上的資金與華麗程度也會成正比增加。由於我們完成了喜達屋與萬豪這種歷史性的交易，大家對於結案晚宴也非常期待。只是準備晚宴派對的過程中，銀行家之間的對話內容也是令人歎為觀止。

銀行家 1　我們的結案晚宴是不是應該辦在中國餐廳？
銀行家 2　好像很有創意欸？但我現在別說是中國食物了，光是看到亞洲人就覺得厭煩。

　　我實在不能理解，我明明人就在旁邊，他們怎麼能夠若無其

171

事的說出這些話。問題是這種方式的發言卻如此自然，而且經常就像是輕鬆的玩笑一樣被說出來。

　　以下是我與客戶公司經營團隊的對話。這段時間以來，我們只以電話與郵件溝通過數百次，所以有些人還是第一次見到面，其中有個人走來跟我說：

　　「原來妳就是那個在我們團隊裡很活躍的亞裔銀行家，這是一場辛苦的交易，辛苦啦。」

　　他這是在說什麼啊⋯⋯雖然我很受傷，但因為對方是客戶，我還是笑著回答他：

　　「不是這樣的。」

　　「不是怎樣？」

　　「我不是亞裔銀行家，我只是個銀行家，一個過去 8 個月來為貴司提供諮詢的銀行家。」

　　他們絕對不會稱呼一位美國白人銀行家是「美國銀行家」吧？我想要的只不過是平等的待遇。隨著我在業界逐漸成長，我希望能夠改變白人主流社會對於亞洲人的認知，讓在華爾街孤軍奮戰的亞裔人可以在不那麼被歧視的環境下成長。

「軍校」牽成的
華爾街之緣

　　投資銀行的招聘程序中，除了正式面試以外，還有跟一個面試一樣重要，或甚至比面試更重要的社交程序。這是一段自我宣傳的時間，應試者必須找到在職的銀行家，說服具有招聘權限的他們，為什麼自己一定要進來投資銀行工作。這次會議不是一次見面就能夠簡單結束的，見面之前要先從冷電話和冷郵件（cold calling & cold emailing）開始，應試者必須聯絡自己完全不認識的人，表示自己對對方在職的公司、團隊以及工作有興趣，希望可以獲得一些建議，利用這種方式接近對方，盡可能討對方歡心，這是一種求愛大作戰。投資銀行的每個部門都有 5 到 10 個人，光是在每家公司裡找一兩個感興趣的團隊，就至少要見 20 位以上的銀行家，應試者必須進行這種令人痛苦的「社交」。然而華爾街有十多家投資銀行，大致估算下，應試者就必須向兩百多位以上的銀行家展開求愛大作戰。但這所有的過程卻只是為了「獲得正式面試的機會」，真的很荒唐。在短短的 20、30 分鐘裡，要向對

面素昧平生的銀行家灌輸「我是一個多好的人，拜託請推薦我」，實在不是一件簡單的事。為了討對方喜歡，還會動用所有渾身解術。如果跟對方讀同所學校，就會一直強調彼此出身同門，講講學校緩和氣氛；如果來自同一個地方，就會利用地緣關係，問對方喜歡的 NBA 籃球選手是誰，努力找出與對方的共鳴。你可能會想：「這跟為了找另一半去相親有什麼兩樣？」你說的沒錯，跟相親沒兩樣。而且這場相親很難，成功的機率也很低。

有一次，我和來自西點軍校的銀行家進行了一場社交會議。曾在瑞士信貸的槓桿財務（leveraged finance）部門負責招聘的他，過去曾當過 7 年的職業軍人，經由 MBA 進入投資銀行至今是第五年，他是中間管理層的 VP 級銀行家（如同前面所述，投資銀行非常偏好軍人，甚至還另有配額給軍人出身的應聘者，可能是投資銀行跟軍隊的生理作息很像，所以對組織成員要求的條件也相同）。身高超過 190 公分，感覺快把襯衫撐破，體格非常健康的他，雙手挽在胸前坐了下來，他掃了一下眼前的我，接著緊盯著我遞給他的履歷表。他看著眼前這位身高才 150 出頭的嬌小亞洲女性，跑到這裡說想加入銀行業，而且還直愣愣地盯著自己，我想他應該在想著「我有話要跟他說嗎……」無論如何，我都一定要讓 VP 站在我這邊，只是這個人卻看起來完全沒有要開始跟我對話的跡象。他到底是對哪一點不滿意？為什麼用那雙藍色的大眼盯著我的履歷表不說話，也不和我對眼？沒辦法了，很可惜，我必須要主導這次的談話。

「我想把他送去西點軍校。」

我突如其來說出這句話。

「什麼？把誰？」

此時這位軍人銀行家才抬起頭來看著我的臉。

「我的兒子，未來的兒子。」

我已經把今天要見的 8 位銀行家履歷背得滾瓜爛熟。他們分別來自哪個學校、哪個地區、最近參與了哪椿 M&A 交易、喜歡的體育球隊、來投資銀行前的職業生涯、過去在哪些公司工作，都已經輸入在我的腦海裡。我有著親自跟蹤他們調查到的資料，還有比我早入職的學校前輩以及業界友人提供給我的資訊，甚至有人說，我做到這個程度，要不要直接去面試 CIA 情報員算了。

雖然為了找到共鳴、吸引對方注意，我多少有些在作秀，不過西點軍校一說倒是真心的。如果我真的結婚生子，我曾經想過要把兒子送到西點軍校這種美國著名的軍事學校。我一提到他的學校，這位銀行家便開始滔滔不絕說了起來。從他的校園生活到移地訓練，還有在畢業後 7 年義務役期間被派到伊拉克的故事，他開始滔滔不絕說著這些我根本問也沒問過的事。他說自己雖不贊成自己的兒子成為職業軍人，但是他在西點軍校學習到的事物，是足以改變他整個人生的寶貴經驗，他對自己的學校感到非常驕傲，一輩子都會感謝在那裡接受到的教育。

西點軍校（美國陸軍官校）的正式校名是 United States Military Academy，韓文漢字作「美國陸軍士官[67]學校」。我記得

---

[67] 編註：韓文漢字「士官」即軍官之意，與後文的「史觀」，韓文均寫作「사관」。

這件事，所以拋出了個無厘頭的玩笑。

「士官學校（軍校）……我也是從士官學校（軍校）畢業的耶。」

他可能以為自己聽錯了吧，一臉無言以對的樣子看著我，反問我：

「妳嗎？妳是什麼學校？」

「民族史觀高等學校……是某間韓國鄉下高中的名字。它不是真的軍校，只是名字聽起來一樣。」

這不是什麼國際通用的笑話，但我們兩個的幽默感卻意外很合。他不但大笑，還開始仔細問起我過去就讀的「史觀學校」。他說他還是軍人的時候，擔任過駐韓美軍，對韓國很了解，所以當我提到「江原道」，並說這間學校位在江原道的山谷裡時，他立刻就意會到當地的地形。

「那間學校為什麼在深山裡？為什麼會叫史觀學校？」

終於輪到我上場了。時隔許久，我終於不用再聊我根本就沒興趣、連一次球賽都沒看過的美式足球，也不用聊 NBA，終於可以聊我自己的故事了，所以非常興奮。這間要經過蜿蜒曲折的道路，從山腳爬好一陣子才能抵達的深山學校，穿著的校服是韓國傳統服飾（我還強調不是日本的和服！美國人到現在都還只認識日本的和服），用著英文授課，是一間募集全國聰明孩子一起學習的寄宿學校。校名之所以取為史觀，是因為學校創辦人的理念，是要培養出具民族意識的全球領導人才，但真的很難向美國人解釋韓文裡「民族」這個單字的意思和語感。他一臉興奮地看

著正在努力解釋的我，偶爾還會提些問題，聽得津津有味。

「連宿舍的房間裡都被監視器監控？騙人的吧。」

對於自由至上的美國人來說，這件事簡直超出常理，所有人都覺得這是我誇大其詞編造出來的故事。

「每個房間都有一臺監視器，走廊上也有，到處都有。下課之後如果在宿舍裡面睡覺、玩遊戲，舍監老師就會看著監視器，找上門來訓斥你。」

「這太不可思議了，怎麼可能有這種事？這已經是侵犯人權了吧？」

「我當時在讀書的時間裡沒有看書，而是用著電腦看著電影、吃著橘子，結果被監視器拍到，就被狠狠罵了一頓。」

我還告訴他，我們每天早上 6 點就要準時起床，集體練習劍道和跆拳道，然後每個禮拜一早上愛國朝會的時候，全校學生都會穿著韓國傳統服飾排成一列，唱著國歌和校歌，集體喊著校訓。聽到這裡，他同情地說：「好吧，我承認這是一間軍校了。」

原本 30 分鐘就應該結束的會議，不知不覺間卻過了 1 個小時。走出會議室的時候，我偷偷看見他用紅筆在我的履歷表上大字寫下「軍校」、「funny」（搞笑）等單字，還劃了好幾次底線。他也許以為我是一個很搞笑的傢伙，但我確定的是，他並不討厭我。後來我就收到了瑞士信貸的面試邀請，通過正式聘用程序，還拿到了入職信。雖然最後我選擇了其他間公司，但我一直跟當初這位銀行家保持著聯絡，延續著這個緣分。當我在面試其他家投資銀行時，他還親自幫我做模擬面試，幫了我很多忙。我

在選擇要去哪家公司的時候，他毫不吝嗇地給予我許多真誠的建議。幾年後他離開了華爾街，成為美國《財星》500 強 [68] 底下某家大企業的 CFO。後來我成為了機構投資人，我將大部分的避險基金營運資金投資到了這家公司的股票上。華爾街的緣分，真的很奇妙。

---

[68] 美國財經雜誌《財星》（*Fortune*）中，每年會以銷售額作為標準，選出排名前五百的美國企業。

華爾街的荒謬

1. 著裝守則

由於這裡是全世界資金流動量最大的地方，所以華爾街的文化相當保守。以保守的程度來說，我覺得現在跟 80 年代的華爾街比起來幾乎沒有改變，保守到令人窒息。時代的變化非常大，科技業主導著各種產業，年輕 CEO 所帶領的新創公司，堂堂正正占據了美國市場總市值的前幾名，他們所追求的創新與創意精神，開始改變著各種企業文化。但只有一個地方除外，就是華爾街。華爾街喜歡維持著軍事化的輩分文化與工作方式，從某方面來說，這裡完全沒有沒有任何通融空間，組織文化生硬且權威氛圍強烈，在這裡根本不可能表達什麼「自由」與「個性」。

「華爾街裡只存在 3 種顏色，黑色、灰色、藍色。如果你衣櫥裡面有其他顏色的衣服，就全部丟掉吧。」

一名跟我們從同校畢業的資深銀行家，請即將入職的我們吃午餐時，指著其中一位穿著粉紅色條紋襯衫的人這麼說道。果不

其然，在華爾街工作的員工們，都像是從同一個模板印出來的一樣，打扮都如出一轍，甚至光看西裝的版型、顏色、皮鞋等衣著，就可以猜出他是不是銀行家。除此之外，每個人的髮絲都收得非常整齊，乾淨俐落地向後梳整，我想紐約髮膠的市場，應該都是靠華爾街銀行家在支撐的吧。

　　基於這獨特的著裝守則，也有很多因華爾街投資銀行挑三揀四而發生的小插曲。當年我還在 JP 摩根擔任一位輔助分析師的約聘實習員工，距離早會只剩下 15 分鐘，一位分析師在走廊上被經理訓斥著。當時我正逐一確認會議上要用的資料是否都有列印出來，我很好奇到底發生了什麼，便拿著一堆資料，故意經過走廊。

　　了解之下，才知道原來那位分析師，「身為區區一個分析師」，竟然在法式反折袖（French cuff）襯衫上，戴上了過於昂貴的袖扣（cuff link）和領帶（我印象中好像是愛馬仕的領帶）。經理訓斥他，為什麼在主管級 MD 與會的場合上，穿著如此不符分析師職別的衣著。當時我想著：「如果是對時尚有點興趣，而且經濟也夠寬裕，這麼穿也是情有可原吧。」這事我從常理上根本無法理解，但總而言之，在投資銀行的世界裡，這種穿著不被允許（基本上不能穿得比上司更帥氣或更貴氣）。領帶還可以跟其他同事借，但問題在於襯衫不行。由於我多管閒事，沒事經過了那條走廊，被那位分析師逮個正著，突然收到了要替他跑腿買衣服的重大任務。他拜託我到附近的男裝賣場，用最快的速度買到符合他尺碼的「普通襯衫」，並在 10 分鐘內回來。他說他的

尺碼是 16-34-35，接著就給了我一疊現金，要求我快點行動。我
這輩子第一次聽到男性襯衫的尺碼，心裡無謂地想著：「喔……
男裝的尺寸原來這麼公式化？用 3 個數字就能解決了嗎？如果女
生的套裝也可以這麼公式化就好了。」但我沒有時間再多想了，
我使盡全力跑到公司附近一家精品店，拿了件襯衫，在 12 分鐘
內回到了公司。離會議時間還有 3 分鐘，我以為我成功回來，會
獲得稱讚，沒想到分析師竟然生著氣說我遲到了 2 分鐘，接著慌
慌張張換上襯衫進到會議室。「把人當狗使喚欸！竟然連一句辛
苦了都不說……」我心情實在太差，就拿著買襯衫剩下的錢去買
了咖啡和餅乾。反正對一位可以買得起愛馬仕和 Dunhill 袖扣的
分析師而言，1 萬塊的零錢應該算不上是錢吧。

2. 人文學素養

華頓商學院的教育，有非常濃厚的職業訓練色彩（畢竟連
學校的外號都是「華爾街軍校」了），學生們可以用非常實用的
學問與實戰技巧進入金融圈，所以非常受到歡迎，這裡每年培養
出在華爾街任職的畢業生數量非常之多，但相對來說，學生是在
鮮少接觸人文學的情況下畢業的。雖然我對要進入金融圈的職涯
目標從沒動搖過，但另一方面我也很渴望學習人文學。所以當我
工作一段時間，打算回歸校園稍作休息時，我到了耶魯大學的碩
士學程深造，實現了我一直以來壓抑在內心的人文學夢想。大學
時期，為了讀經濟、管理與累積實務知識，不得不把人文教育
（liberal arts）先擺在一旁，經過了好一段時間，才又重拾這方面

的教育。

大部分情況下，大家都會走上相反的跑道，大學時期接受人文教育的學生，日後會選擇到商學院進修，積累實務知識，為就業做準備。但是我認為，我選擇的順序非常有效果。有了幾年社會經驗後再接觸到人文學，反而感覺更加珍貴，而且也更有底蘊和從容，可以理解人文學的意義。我還能夠盡情享受著當初為了提早畢業而錯過的校園生活，盡情學習哲學、英語文學和政治理論，在耶魯的那段時間，對我來說簡直如夢一場。我甚至擔任助教，指導了幾堂課程，碩士論文還以尼采的《道德譜系學》（*The Genealogy of Morals*）解釋了股票市場的機制。我相信學習人文學，累積知識素養，就是了解「人」的基礎，而且我認為對於考慮在華爾街發展職涯的人，這也是一門非常重要的教育。總歸來說，市場的運作不就來自於「人」與「情緒」嗎？廣範圍的知識與由此而來的洞察力，是很重要的。

有趣的是，在華爾街社交時，其中一個在無意識間向對方灌輸「與這個人聊天很有趣」、吸引對方注意力的策略，就是完全不談論商務，只聊人文社會與文化方面的知識和經驗。這真的很搞笑。這些被綁在無情數字波動裡的人們，在社交的時候竟然會非常在意人文學的素養，互相競爭誰的興趣與素養更高尚。

3. 大方

我的個性比較大方，常為了身邊的人花錢。我不喜歡 AA 制，即便我已經打算回家用泡麵填飽肚子，但如果不小心在路上遇到

熟人，我都還是會請客。假如對方年紀比我小或是比我資淺，那就更不用說了，甚至於連年紀比我大、年薪也比我高的人，一般情況下我都還是會請。我希望當有人問起我這個人的時候，對方可以記得我是一個「大方（generous）的人」，我認為這是賦予一個人最棒的讚美。說來真是諷刺，在工作上，我要盡可能用「最便宜」的價格買進資產，用最高的價格出售來實現獲利，甚至會跟經紀商發生爭執，就只為了把交易手續費調降 1 美分（10 塊韓元、3 角新臺幣）。企業分析的時候，我必須要徹底調查過與費用有關的財務狀況，也對管理層拿到的獎金反應非常敏感，這樣的我，所追求的人格竟然是大方的人啊。

令人不適的
親切暴力

　　雖然現在已經比過去好多了，但是在華爾街這種極其保守的社會中，競爭時若同時擁有「亞洲人」與「女性」這兩項阻礙，就需要擁有不同層次的努力、運氣與修練。在這個擁有相同條件與實力下，偏好白人與男性的業界裡，若想加入由他們主導的遊戲賽局，就必須證明自己擁有比白人更好的條件、比男人更優秀的實力。唯有這麼做，才能夠進入他們的眼簾，走進這個世界，開始出發。比歧視更可怕的，是被害者的順從，習慣了加害者的差別待遇，把一切視為理所當然照單全收。不知道從什麼時候開始，我好像也對這些差別待遇感到麻木了。就算一天裡遭受無數次歧視，我也不再浪費我的感情了。就算遇到不正當的事，也會機械式地認為「這是不正確的狀況」，但沒什麼太大的反應。因為華爾街殺人般的業務量，光是每天要花費的時間跟精力就已經不夠用了，也沒有心思耗神在日常上的每一個歧視裡。

　　華爾街的女性本來就很少，偶爾在參與避險基金研討會的數

百名人潮中，遇到除了我以外的兩三位女性分析師或基金經理人（老實說，女性避險基金經理人我至今只見過一位）時，不知不覺間我就會莫名感到高興。但如果不把我的名片貼在自己臉上，人們其實看不出來我到底是避險基金投資人，還是避險基金研討會舉辦單位的助理，我想在他們眼中，我十之八九是助理或服務生吧。

避險基金研討會主要會在五星級大飯店內舉行。在宴會廳或大型會議室裡，會有知名基金經理人或代表舉辦方經紀商的董事總經理級銀行家，進行演說或討論。這次與以往截然不同，我們在沒有寢具和傢俱的飯店客房中，與包含大企業的 CEO 在內的管理層、企業目前股東、有投資意願的避險基金分析師與基金經理人，一起圍坐在巨大的圓桌前，進行了 30 分鐘左右的會議。假如有 50 家公司參與這次的研討會，50 間飯店客房裡都分別有各家企業的管理層，每次以 30 分鐘為單位，避險基金投資人會直接前往自己申請的企業所在客房。有一次，我因為跟某家企業的會議時間超出預期，所以晚了十幾分鐘才去參加下一個企業的會議。我為了不妨礙正在進行中的談話，盡可能小心翼翼打開房門。當我正打算安靜地進去坐下來，為我的遲到付出代價時，裡面突然有個人看著我說：「這裡的咖啡夠喝了，不需要了，妳等會兒再來吧。」他在我面前用力地把門關上。我不知道他是出於什麼原因這樣做，但我想先進到會議室再說，當我又重新轉動門把，剛才那名男子又粗暴地推了我一把，他說：

「夠了吧？妳聽不懂人話嗎？妳聽不懂英文嗎？這間飯店的

員工訓練真糟糕。」

　　了解之下，原來他是管理層帶來的企業宣傳部員工。他以為是飯店員工硬要進到正在認真開會中的會議室提供茶水服務，所以盡忠職守地阻擋了我。他誤會我是提供客房服務的（不會講英文的有色人種）飯店服務生，他說他從沒想到身材矮小、看起來很年輕的東方女性，竟然會是避險基金的投資人。這種事情我已經遇過很多次了，但每次遇到心情都還是很不好，有苦難言，不過這也是沒辦法的事。

　　比起露骨式的差別待遇，無意識的差別待遇反而更嚴重。很多企業的管理層，在第一次見到我之後，他們的緊張感就會蕩然無存，表情與姿勢開始產生變化，而且會用著對我而言過於親切與和藹（？）的方式接待我。

　　「Honey，妳想了解什麼事呢？我們的籌資計畫嗎？資產出售排程？我們可以幫妳看看建模啊，妳寄給我們的 CFO 吧。」

　　我敢打賭，他們絕對不敢稱呼其他男性避險基金經理人為「Honey」。我希望我要坐下的時候，他們不會替我拉開椅子，也不要只對我敞開笑顏，不用想著要幫我什麼或出於好意地照顧我，我只希望他們可以像對待其他基金經理人一樣對我，但這種事不可能發生，也許日後這種情況還是會繼續出現吧。

三人成虎的
辦公室政治

　　不管是哪一個組織，一定都會有辦公室政治。但在華爾街的組織裡，辦公室政治意味著不同層次的戰場。由於大規模資金必須經過很多手，所以這些「很多手」之間就一定會展開高度的政治鬥爭。在華爾街裡，大家公認政治也是實力的一部分。投資銀行是以小組為單位進行 M&A 交易的組織，當然會有辦公室政治。我曾天真地以為在避險基金這種組織裡，個人的投資報酬率可以證明一切，自然不會有造成辦公室政治的「人的因素」（people factor），沒想到這裡反而更嚴重。投資的世界裡，絕對沒有所謂的「減法」啊。

　　基金經理人與基金經理人，分析師和交易員之間，在公司內外都會互相牽制，愈是成功，愈會受到各種謠言和誹謗纏身。甚至在不負責投資的一般辦公室員工之間，也流淌著莫名的牽制與權力遊戲的氣息。我之前待的一家避險基金裡，掌管財務、會計、風險的 CFO，與負責募資和行銷的 IR 經理，掌管了除投資業務

以外的整體公司營運，但是他們兩個之間的關係非常不好。雖然我不知道為什麼，但雙方的行事作風好像不太合，取向上也不太合拍。問題在於他們兩個會輪流來找我，向我吐露他們之間的不合，然後還隱約逼我要站在他們那一邊，朝著我洩憤。我是投資部的人，所以不會跟他們有直接的業務往來，不知道是他們覺得跟我說什麼都很安全，還是我看起來很好欺負。傍晚收盤後，如果他們說要請我喝咖啡、帶著我出去的話，我就得要開始聽他們嘮叨政治鬥爭的幕後故事。當然，聽到他們說要請我喝咖啡、吃甜甜圈就跟著出去的我，也算是自作自受。有一次 CFO 非常生氣，找我一起去喝個咖啡。他抱怨說，他想要重新建立基金的風險管理體系，但是 IR 經理對避險基金的風險理解度不足，所以沒有妥善給予協助，導致事情無法進行。我吃了他 3 個奶油甜甜圈，好像必須要給點回應：

「開會時把 PM 叫到旁邊，向 IR 經理解釋什麼是風險管理就好了啊。他聽不懂，那至少 PM 懂吧，這位經理也對數字太不敏感了。」

PM 負責的不只是投資團隊，還同時身為代表整個基金的代表理事，除了投資營運以外，還必須對公司營運負責，是非常累人且責任重大的職位。PM 還需要掌握所有員工的人事考核。雖然我已經替 CFO 想出解決方案了，但他卻聽而不聞。

「不是，妳不知道他多狡猾，而且還很油腔滑調，他早就把 PM 拉到自己那一邊了。」

雖然我心裡想著：「負責基金行銷和銷售的 IR 經理很會講

話，這不是一個很優秀的長項嗎……」但我沒有說出口。我的首要任務應該是先安撫 CFO。

「他才來公司不到 3 個月，就已經討到 PM 的歡心了嗎？真厲害。我們基金的募資應該不需要擔心了，對吧？聽說那個經理是從摩根出來的。」

這麼小的部門怎麼已經有派系了呢？看來辦公室政治只要有 3 個人以上聚在一起就會成形。我一方面盡可能順應 CFO 所說的話，但又不想在 IR 經理背後罵他，所以一直很努力在轉移話題。因為我已經跟 IR 經理約好了，不久後就要一起吃飯。我只能聽他們兩方的發言，但絕對不能說什麼不好聽的話。

「他還在摩根士丹利做到股票銷售 MD 的位置，然後才跳槽來我們的避險基金。他可以在那種政治角力嚴重的超大型銀行生存下來，真不是一般的狠角色。能在摩根士丹利這種組織底下撐 18 年左右，從這裡就能看出他的個性了吧？」

最好笑的是，這位 CFO 自己在高盛工作了 20 年。

伏特加馬丁尼的
祕密

　　1月的華爾街，我們必須要做好準備，迎接兩股冷冽刺骨的寒風。第一股是在零下的天氣裡，在高樓層建築物之間猛烈刮起的冬季寒風；另外一股，是整個金融界都會在同一時期進行的人事考核寒風。人事考核對某些人來說，可以升遷與取得其他更多機會，也可能被賦予管理更大筆資金的權限，還有可能獲得以數十億韓元（數千萬新臺幣）為單位起跳的獎金；但是對某些人來說，則是機會可能被剝奪、被降職，或是根本沒有獎金，得到的只是解僱通知。華爾街的薪資體制不是以年薪為重，而是以獎金為中心。舉例來說，年薪雖然一樣都是 15 萬美元，但有些分析師的獎金是 50 萬美元，有些則是 10 萬美元。依照獎金的不同，在公司內部的職位、在業界的待遇、日後的身價甚至職涯，都會有所不同。問題在於，雖然我們有報酬率這個明確的成果指標，但政治因素偶爾還是會影響人事考核。P&L 上的數字固然重要，但平時 PM 對我的看法也很重要。

　　「妳太過武斷了。看看妳旁邊的史蒂芬，他不就經常提問、報告和溝通嗎？妳以為投資就是坐在彭博前面，認真跑跑模型就行了嗎？」

　　史蒂芬是早我 1 年入職的分析師同事。當時我跟史蒂芬的投資經歷都很短，剛被賦予可以自由裁決交易的權限還不到 1 個月。史蒂芬這小子每一件事都鉅細靡遺地報告，我其實覺得非常可笑，這點程度的判斷自己看著辦就好，每一件事都跑去討論，這些時間還不如用來專注在可以賺錢的交易上，真不懂他為什麼這麼沉不住氣。然而，看來管理整體基金的 PM 認為，他這種行為是重要的溝通，十分可靠。

　　「比起指標，我更喜歡 P&L 上的業績。在我負責的產業裡，您甚至很難找到一位沒有虧損的交易員吧。」

　　我沒有說出 PM 想聽的話，我的政治力等級是 0，早知道就回「我知道了」就好⋯⋯雖然我話一出口就立刻後悔了，但為時已晚。我的行為等同於又證實了 PM 對我的評價，我就是一個武斷而且沒有溝通能力的人。我又想起了平常做事實在，而且在辦公室裡處事聰明的史蒂芬，真是個會搞政治的傢伙。我所謂的「政治」並沒有不好的意思，如果放下偏見仔細想想，這是一個為了得到自己想要的東西，懂得如何與人正確溝通的高級生存技能。這件事也必須要夠聰明才做得到，史蒂芬的獎金應該比我高上很多吧。

　　「妳也去外面見見其他人吧，要跟其他基金的人交流，了解一下最近競爭基金正在投資什麼公司，這些事情至少也要了解一

下吧，真沒 Sense……」

　　他說的其實沒錯。對投資來說，分析能力雖然很重要，但絕對不能讓投資淪為一種在彭博畫面前的數字遊戲。畢竟股票市場是由人操控，了解市場上其他玩家的想法和交易方法也非常重要，而且這些資訊大部分都是經由日常交流、交換而得。在投資業裡，也需要做到我最討厭的「社交」。

　　如果你以為美國是一個尊重個人主義的國家，所以每個人都是獨立的個體，不喜歡團體交流的話，那你就大大誤會了美國的個人主義文化。美國比韓國還更重視家世背景、出生地、學歷甚至畢業的高中。美國人一見面，在自我介紹的過程中就會提到「我在哪所學校讀書，我在哪一個州長大，以前做過什麼工作，現在在做什麼工作，那你呢？」用這種方式交換彼此的背景資訊。內容大致上是大約 1 分鐘左右的電梯簡報（elevator pitch）。跟在韓國的感覺不同，這些不是沒有禮貌的問題，反而是一種想關心和親近對方，表現自我社交能力的專業方式。這裡的文化非常重視社交，這麼做可以用最短時間創造出對方與自己的連結，拉近距離，打造出可以互相幫忙或交換資訊的跳板，而且這種現象在愈菁英的社會裡愈明顯。不社交，想在這個業界裡成功是不可能的事，這是華爾街不成文的規定。

　　紐約的夜晚之所以耀眼，就是因為有願意為這份華麗「買單」（buy）和「住在」（live）這份華麗裡的人。最高級的飯店、最高級的酒吧，以及不是每個人都可以進場，只向上流階層開放

會員資格的社交俱樂部,每天晚上都會舉辦各種派對,身處中心的就是華爾街的主角們(與預備的主角們)。他們穿著華麗,看起來好像都是來吃喝玩樂,但這其實只是表面,實際主要目的是跟業界人士交際,拓展人際關係。這些「派對」的目的清楚明確,所以我並不太喜歡參加這種社交場合。在這種充斥優秀白人男性的派對裡,我怎麼可能自然地融入其中呢?再加上我酒量不好,也不怎麼喜歡酒,至今仍無法適應要一手拿著無限量供應的各種威士忌,在開放式場域到處晃悠、跟人搭話的美國站立式派對。

所以我有自己一套的生存技巧。每當我踏入雞尾酒或晚宴派對的場地時,我首先會挑好一位調酒師或服務生,然後偷偷塞 20 美元的紙鈔給他,拜託他幫我做專屬於我的「特製雞尾酒」。我經常點的是伏特加馬丁尼,這種酒原本是用伏特加、香艾酒和橄欖混合而成的雞尾酒,但是我請求他們幫我調整一下配方:

「幫我把伏特加和香艾酒換成雪碧和氣泡水,然後裝到雞尾酒杯裡,別忘了要再放兩三顆橄欖,完美偽裝。」

晃著晃著,如果我的酒杯感覺空了,我就會使個眼色,請調酒師幫我再續一杯一樣配方的飲料。就這樣,我手上拿著一杯「伏特加馬丁尼」在派對上四處晃。避險基金交易員的交易心理學,也可以適用在這種社交場合的人際交流之上。稍微談個 1 分鐘左右,只要看起來好像沒有特別的情報,或是對方沒有繼續交流的跡象,我就會立刻退場,再去接近其他人。由於大家都隱約有著「不要浪費派對時間」的默契,所以每個人都用相同的意圖切換動線。我們對於避險基金的所有商品,都會本能性的計算基

本價值，隨時隨地比較市場價格，思考要不要買進或賣出。對人的時候也是一樣，這是一種職業病吧。

拿到豐厚的小費後，調酒師乾淨俐落地執行了這項祕密計畫。多虧於此，業界社交派對與研討會結束後，在慶功宴的歡樂時光上遇到我的人，都以為我酒量很好。深夜時段，一位喝了十幾杯馬丁尼的女子，竟然可以安然無事直到派對結束，而且還能以明亮的大眼談論著投資，他們感到很神奇。

「因為妳是亞洲女性，酒量才這麼好嗎？」很多人真的對此感到很好奇。他們就像是用威士忌洗過澡一樣，身上充斥著強烈的酒精味，來問我的這些人，他們的視線早已無法對焦。都喝到這麼晚了，這也是難免。但我偏偏不否定，也不肯定地回答：

「不是我酒量好，是你們太弱了。」

我和拿到許多小費、認真幫我備「酒」的調酒師對到眼，我向他高舉著雞尾酒杯，並說：

「Keep it coming!」（再來一杯！）

養成「投資DNA」的
第二天性

你是被投資心理支配，
還是心理支配投資？

「Imagine how much harder physics would be if electrons had emotions.」（試想電子如果有了情緒，物理學會變得多麼困難。）

　　這是物理學家理察·費曼（Richard Feynman）所留下的名言。我認為這句話，非常直觀地解釋了為什麼股票市場如此難懂的最根本原因。原本像電子這樣的物理學物質，都會在直線或一定的軌道上移動，然而自人類介入其中的瞬間開始，原本定義好的公式就會消失，轉變成在不規則的曲線型循環中移動。理論上股票是呈現出企業價值的有價證券，但因為執行交易的是人類，所以股票沒辦法像電子一樣按照可預測的模式波動，因為人類身上具有情緒這項不規則的變數。假如電子也有情緒，我們過去所學的那種按照一貫方式移動的物理學法則就無法成立，現代物理學將會瓦解。

　　仔細回想，可以持續獲利的交易員以及可以一直寫下成功

案例的基金經理人，他們身上最具代表性的共通點，就是不管在什麼情況下，都能保持冷靜與理性。股票市場上聚集了許多容易被情緒支配、沒有慣性、容易被細微的變數動搖、只相信自己想相信的事物、無法擺脫自我認知偏誤等思考方式的投資人，在這裡，能超脫於上述問題之外的局外人，當然相對來說就更容易獲得高收益。目前被稱為華爾街傳奇的「投資大師」們，都有寫下三位數報酬率與基金資產快速增值的共通時期，也就是股票市場過熱引發泡沫化與崩跌的時候。在情緒極端高漲的市場上，資產價格同樣也達到極端且不可能再持續上漲的水平，不管這個價格是高點或是低點。

從歷史上來看，愈是這種時候，市場上發生的各種現象愈會釋放出不理性的信號；但是，可以不被情緒所左右、正確接收訊號、按照原則建立倉位的人，卻只占極少數，而我們稱他們為「成功的投資人」。

市場總是不斷在變化，唯一沒有變的只有參與市場的「人類本性」。人類是一種情感的動物，在無意識中，我們比起理性更仰賴使用感性進行判斷。諷刺的是，愈是重大的決定，感情所支配的程度就愈高。人類不會根據客觀的事實或理性進行判斷，而是會根據主觀的喜好進行判斷，我們稱之為「偏誤」（bias）。心理學上有很多種學術性偏誤，但從我的經驗來說，股票市場裡似乎有幾項特別突出的偏誤。華爾街裡出類拔萃的投資人所犯下的致命錯誤中，很少有案例是因為估值計算錯誤、對商務模式與

產業趨勢理解不足而導致的失敗。這些人的失誤,大部分是被錯誤的自我偏誤所綁架,導致他們錯估買進與賣出的規模、錯失時機,或是在可能進一步虧損的情況下無法擺脫既有的信念,堅持維持相同倉位所導致的結果。

左右報酬率的
認知偏誤

「The easiest thing in the world is self-deceit, for every man believes what he wishes.」（自我欺騙是這世界上最容易的事，因為每個人都相信自己心中所願為真。）——狄摩西尼（Demosthenes），古希臘政治家

投資人往往會做出不合理的行為，不只是散戶，就連擁有資本與專業優勢的機構投資人，也不是每次都能做出最佳決策。機構終究還是人，因為讓它運作的也是「個人」，追究起來，基金經理人、交易員，每一個人在「人性」的部分上都跟散戶沒有區別，反而是用資本與專業能力武裝的自我，會使他們做出錯誤的判斷而不自知。

如果股票市場上的大多數人都開始出現不合理的判斷與自我信念，嚴重情況下就會導致集體狂熱，特定股票的價格會因此不合常理地上漲。再加上，這種不合理的行為一旦集體化，就不會

相互抵銷，而是會相互強化，因此我不相信所謂「效率市場」假說，只要是人類所參與的買賣，就不存在擁有完美效率的市場。而且就是因為有這種集體性的判斷偏誤，才使套利變得可能，我喜歡這種不合理的市場。當然，任何一種套利的行為都具有風險。照理來說，是要做空被高估（overpriced）的股票，做多被低估（undervalued）的股票，問題在於，被高估的股票可能日後還是持續被高估，被低估的股票也可能繼續被低估，很多時候你都得先虧損一段時間。但說到底，還是有很多情況都是藉助市場的不合理才能實現獲利，偏誤心理主導下的扭曲市場就像是套利的寶島。只不過自己也要小心，不要掉入偏誤之中。

1. 安於選擇的危險心態：確認偏誤

開盤之前，我每天早上都有一件儀式——逐一觀察我所投資的所有標的，誠實地向自己提問。

「今天，如果又重回到 100％現金的狀態下，還有自信投資跟昨天一模一樣的投資組合嗎？」

我運用這段時間，來檢視自己有沒有陷入我最害怕的「確認偏誤」（confirmation bias）。我不用接受他人的質疑，也不需要證明什麼，更沒必要拿出那無謂的自尊心，乍看之下，這是一件很簡單的事，但事實並非如此。質問自己有沒有對自己誠實與客觀，遠比看上去的更加困難，如果我正在自我欺騙，那麼我要戰勝的，就是因傲慢與不願面對現實、正在用自我否定堅持下去的另一個我。

所謂的確認偏誤，是因為人會正當化自己所做的決定，並尋找證據讓這項選擇合理化。我深信這是對投資人而言最致命的認知偏誤。到昨天為止還很合理的買進項目，可能會在今天早上成為必須賣出的標的。市場出現風吹草動提醒著我們賣出股票、基本面發生需要修改估值的變化、原本引頸期盼的 M&A 在 1 天之內告吹等，有太多事情都可以推翻昨天合理的買進行為。只喜歡那些可以證明自己的假說和投資倉位是正確的依據，卻忽略掉反面的訊息，是投資人會犯下的最嚴重錯誤，也是最容易犯下的錯誤。只聽想聽的、只看想看的，這是人類都會有的心態，有意識地自我檢討，怎麼可能是件簡單的事呢？

有句話叫「鴕鳥心態」（ostrich effect）。當鴕鳥遇到天敵時，牠們會把頭埋在地下，指的就是遇到危險或收到負面信號時的逃避行為。我不知道鴕鳥是因為過於害怕，還是出於本能的防衛，但這明顯是不理性的處理方式。拿投資來比喻的話，就是當市場朝著與自己投資的反向部位移動，虧損風險愈來愈高，但是卻不做進一步分析或不搜集情報的行為。實際上，人們在自己持有的股票股價愈跌愈多的時候，就愈少去確認股價，因為他們想要逃避自己正在虧損的事實。不成為鴕鳥固然重要，但在此之前，為了不陷入自我確認偏誤，必須要養成習慣，不斷客觀檢視自己所處的狀況。

2. 只吃美味的櫻桃——「採櫻桃」：選擇偏誤

在搜集樣本或情報的階段就先事做過選擇，導致分析結果被

扭曲，就稱為選擇偏誤（selection bias）。這也是我在分析師時期經常犯下的高危險性失誤。舉例來說，當我針對 PM 想討論是否可以做多的股票，進行企業調查的時候，我在大量的情報中，只選擇可以支持做多一說的數值與資訊，然後對此進行分析，結果肯定是可以做多。我的分析資料裡面不包含不建議投資的其他大量資訊，所以打從一開始就不可能推翻已經決定好的多單決策，這個可能引發嚴重錯誤的行為又被稱為「採櫻桃」（cherry picking）。就像我們只挑蛋糕上面美味的櫻桃吃，這個錯誤過程是指搜集樣本時，挑選的都是我喜歡的資訊，或可以支撐我初期假設的數值，最後當然也只能得出我預料之內的結果。

3. 過度專注於最新資訊與最新業績的近因偏誤

投資心理學中有個詞彙叫「近因偏誤」（recency bias），指解決問題的時候，認為最新資訊與最新事件的價值高於過去事件。如果從這個錯誤的出發點上開始發展，後續將會繼續相信最近發生的事件與現象。例如，最近自己以某種投資方式取得成功，就會相信只要採用相同的方式投資，這次的投資也必定會成功。就算是必須要對市場所有情況保持客觀的交易員，也很容易被這個情況綁架。這個情況尤其容易發生在資歷較年輕的交易員身上，他們覺得「我的報酬率一直以來都很好，我現在的交易方式一定是最好的」，固守在自己的交易方法與投資習慣之上。他們無法確定現在的報酬率表現良好，是否是因為最近的市場狀況表現較好、這套方法是否可應用在與預估範圍完全不同的其他

狀況下。也就是說，這套戰略並沒有經過驗證，因此只要狀況有所改變，就會難以妥善應對。這也是只有經歷過近期市場的交易員，在市場受到衝擊時，容易承擔大幅虧損的原因之一。大部分的人都會執著在牛市裡有效的投資戰略，這會對長期報酬率造成致命性的傷害。雖然仰賴近期有效的交易戰略是人類本能的心態，但唯有擺脫這種偏誤的交易員，最終才能在市場取勝。可以超越時間與狀況的絕對避險策略，重點就在於此。

有一次，PM 朝著正坐在位置上吃午餐的我走來，問了我某檔特定倉位的昨日 P&L。我嘴裡咬著滿滿的三明治，立刻向他匯報了我印象中的交易概要（trade summary）。我針對一檔本來就想增加部位的投資案，下單進行追加買進，由於昨天交易的買入均價（cost basis）比目前的市價低了大概 70bps，按照昨天的基準來說這算是淨獲利。但吃完午餐之後，我再次確認了昨天的交易紀錄，內心一揪，發現我自己對 1 天前的交易竟然有著扭曲的記憶。雖然我確實追加買進部位，平均價格也低於今天的市價沒錯，但以避險為目的進行的配對交易（pair trade）股，賣空的部位也提高了。由於其股價已經處在上漲期一段時間，抵銷了我主要部位的部分收益。嚴格來說，我的收益不是 70bps 而是45bps；然而為了方便記憶，我只記得最近有獲利的主要投資案件。如此細微的部分也會發生選擇性認知與記憶，這就是人類的大腦啊。

當最後一位悲觀主義者
開始變樂觀的時候

　　查理和傑克在同一家公司上班，職級、年薪都差不多，還住在同一個社區。有天查理向傑克炫耀，表示自己最近開了一個證券帳戶，把錢都 all-in 在「真的很熱門的科技股」，而且股價已經上漲了很多。傑克原本是腳踏實地賺錢、一點一滴儲蓄的類型，如果是平常的他，就會直接略過虛張聲勢炫耀著自己理財方式的查理。但最近所有人都在投資股市，所以傑克就找到了那檔查理賭上一切的股票，仔細一看，這是一檔本益比 [69]100 倍的高估值股，雖然這是檔科技股，但三位數的本益比代表的是什麼意思呢？傑克最後決定忽略查理的話。1 個禮拜後，這檔股票再度上漲 50％，這時查理已經賺到高於本金 2 倍的收益，他取笑傑克上禮拜為什麼不跟著他一起進場。接著查理又拿獲利的資金，買了另一檔「飆股」。查理這次也向傑克透露了自己買的股票，他

───

69 本益比（P/E）。利用股價除以每股盈餘，計算出股價高估與低估基準值的指標。

說「這檔股票是比上一檔更熱門的科技股」，叫他別再固執了，快點買進。傑克又抱持好奇心搜尋了這檔股票，天啊⋯⋯本益比200倍加上幾年都是負成長的現金流，竟然投資這麼差勁的企業，查理真是可憐，這檔股票下週左右就可能暴跌，光是想到查理可憐的樣子，他就不禁幸災樂禍（Schadenfreude）[70] 了起來。

但不知怎麼回事，1個禮拜過後這檔股票竟然上漲了將近3倍。1個月過後，查理第二次實現收益，並向傑克炫耀自己又投資了另一檔「超級熱門的科技成長股」。傑克再度搜尋了這家企業，這次的本益比「終於」只有50倍了。雖然傑克認為這個數字還是很高，是一檔被整體市場高估的股票，但這段時間以來，看著查理那小子這麼容易就賺到錢，他心裡滿是不悅，他不想再錯過這次的「機會」了，於是跟著買進。傑克想超越之前查理的獲利，把銀行帳戶裡所有資產都all-in進了這檔股票。但是1個月過後，股票市場終於泡沫化了，這檔股票隨著市場崩跌，暴跌了90％以上。傑克失去了他所有的財產。

聽完這則故事你有什麼感覺？有感受到什麼嗎？這到底是誰的錯呢？查理？傑克？還是市場？我們身邊都有無數的查理與傑克。我們有可能是查理，也可能是傑克。市場會發出比我們想像中更明確的信號，在正常情況下，這個信號看起來是如此顯而易

---

70 德文，指看著他人不幸卻感到開心，是由 Schaden（痛苦）與 Freude（高興）結合而成的單字。

見又理所當然,但是在過熱的市場裡,我們卻連就在眼前的信號都會視而不見。接下來,市場發出的異常徵兆就會發揮它真正的價值。當市場最後一位樂觀主義者變得悲觀,最後一位悲觀主義者變得樂觀時,就會迎來反曲點(inflection point),使異常的市場回到正確的位置。掌握這個信號非常重要,只要能分辨出反曲點出現的時機,就可以盡情在泡沫中實現收益。然而問題在於,只有冷靜的少數人才擁有判斷的能力。儘管我們若能成為故事中的查理倒也不錯,但在交易中,「順勢」(trend following)往往只是說得好聽。順勢交易的最大風險在於,在過熱的市場崩跌之前,無法掌握趨勢的轉折點,容易犯下跟傑克一樣的錯誤。「即便以不合理的價格買進股票,只要可以用更不合理的價格賣給願意買進的『下一個笨蛋』就好。」當這種交易反覆發生,就可以被解釋為市場泡沫。在這種市場上,可以實現收益的機會真的太多了,千萬不要成為最後一個站上泡沫邊緣的笨蛋。

雖然不可預測，
但是可以應對

　　我不做長期的市場預測，因為這是件盲目又浪費時間的事。重點不在於 5 年、10 年後的市場會怎麼變化，重點在於掌握今天與未來 5 天會使市場波動的主要因素是什麼，並且針對這些因素可能導致的市場動向，做好應對的策略，個股投資也是如此。我不會預測股票會在哪一個時間點達到哪個特定的股價，因為我也做不到。但是我會不斷思考在哪一個時間點、股價達到哪一個水平，我應該要做出什麼應對，努力構思出最佳的交易方式。

　　我認為「聰明的投資」，取決於應對進退做得有多好。如果運氣好，能在「低點」進場，就要迅速進行交易，倘若錯過時機再後悔，只是徒增機會成本而已。大多數人在失去分辨能力的時候，都會說自己能保持冷靜、會以合理的交易方式來處理，這就好比他們賠錢的時候說著自己其實沒有賠一樣。股票市場雖然不可預測，但我們可以「妥善」應對，只不過，這是件非常困難的事。如果所有的市場參與者都能夠以合理應對做出最佳交易，市

場就會完全效率化，像我這樣的人也許就會失業，必須思考其他出路了。不知該說是幸還是不幸，這市場上能夠妥善做出應對的人總是只占少數。

但是，不能長期預測市場，並不表示我們不能預測企業長期價值的走勢，這兩者的概念完全不同。觀察價值的長期投資者們，終極目標就是尋找出「不對稱的價值主張」。這句話裡面有3個關鍵字，第一個是「不對稱的」，在避險基金裡我們稱之為「非對稱」（asymmetry），也就是要投資與下行（downside）風險相比，具有更高上行（upside）潛力的資產。第二個是「價值」，這與目前的市場價值無關，只要以基本面為基準計算出來的企業價值大幅高於業界類似的其他企業，這種企業的股票就是「有價值」的資產。第三個是「主張」，也就是所謂的價值主張（value proposition），意指內在價值還未落實、受到市場冷落的企業股票。這些股票基本上會有1到2年的時間，報酬率大幅低於市場均值，因此無法在大部分人的投資組合中殘存太久。因為無法等待股票「主張」的未來價值被真正落實，所以大多數投資人都會轉換為可立刻獲利的股票。

對於買進大家都不願買進的股票、以價值作為核心、維持長期投資策略的避險基金經理人而言，短期的市場反應不會對交易造成影響。不管基本面再好，股價的動能與我的部位本來就不一定會往相同的方向波動，市場更多時候都是在常理之外的範圍進行波動。在過熱的牛市裡，再壞的新聞往往都會被無視；在風險較高的熊市裡，再好的新聞都無法好好被反應在股價上。但所

謂的「妥善應對」，不是對每一個市場波動都做出反應，頻繁進行交易，而是可以不受市場的各種雜音影響，堅持自己的投資策略，維持長期可以獲利的投資組合。

避險基金交易員眼中的
投資本質

　　為了在投資上獲得成功，我們在心態上必須全然地投入。我不能容忍有人覺得投資或交易不是本業，就將之稱為一種業餘愛好。如果以看待業餘愛好的態度來看待人們賭上生死、相互競爭的市場，那報酬率也就只能維持在業餘愛好的水準而已。投資的本質是理解，要建立自己的投資原則，整理筆記，記錄自己對投資的看法，製作可以讓自己回想成敗原因的交易日誌。為了舉例，我想分享幾個我剛進入業界的紀錄。

① **市場雖然情緒化，但是投資不能情緒化**。當投資有了情緒，就沒有任何方法能再戰勝市場了。所有我認識的成功基金投資人，彷彿天生就不會感情用事。我認為他們冷靜的分析能力，以及不對市場心理動向做出反應的本性，是他們最大的成功因素。

② **了解市場的心理循環週期，並加以利用**。極端的市場情緒，會決定股票市場循環的上漲與下跌。市場本來就是往返於「貪婪」與「恐懼」兩個極端的地方，幾乎不可能「中立」。投資人只有具備可以反其道而行的情緒控管能力（emotional discipline），才能夠在貪婪時感受到恐懼並賣出，並且在市場恐懼的區間，盡情享受貪婪而買進。

③ **了解槓桿與報酬率之間的關係**。槓桿好比一把利刃，依照使用的方法不同，可能成為卓越的道具，也可能成為自我毀滅的武器。股價上漲時，我們會對增加 2 倍、3 倍的本金感到心滿意足；但是下跌時，只要反覆發生兩次股價下跌 3 倍的現象，我們就能見證本金消失的奇蹟，我們稱之為「本金的融化」（principal meltdown）。槓桿無疑是將報酬率極大化的優秀工具，但是我們務必要了解，這個極大化的開放區間包含了上與下。人們不知道，不賠錢的重要性，事實上遠遠高於賺錢的重要性。請銘記，只要發生 -50％的虧損，後續就必須要把報酬率提升至 +100％才能夠回本。

④ **買進自己不了解的股票，不叫作「投資」**。只投資自己非常了解的企業，反過來說就是，我投資的企業一定要是我非常了解的。我們連把手機借給在路上遇見的陌生人都會感到很排斥，怎麼就願意把會左右自己資產增值（或減值）的股票投資，毫無顧忌地交給自己一無所知的企業？「投資」自己一無所

知的企業，還期待可以從中獲利，這種心態跟坐在老虎機前
拉著第一百零一次拉霸，還期待著自己會中頭獎沒有兩樣。

⑤ **股價是內在價值（價值評估）＋景氣趨勢＋市場情緒，三大
因素的複合體。** 這些因素的個別比例，會決定買進與賣出的
時間點。而這當中，我唯一能夠計算並且可以判斷的，只有
價值。

⑥ **想清楚是「接刀」還是「買低」。** 能夠大量買在「便宜價」的
唯一機會，是在市場「下跌的期間」，而不是股價「觸底」的
時候，因為沒有人知道什麼時候叫作「觸底」。想要避免接刀
的人們，一輩子都在等著股票觸底，結果錯失了良機。當股價
下跌後，無法參與反彈循環週期，是投資裡最致命的失誤。所
有人都知道，投資報酬率的根本就是買低（buy low）賣高（sell
high）。賣高相對來說比較容易，因為進場之後，至少還有「我
的期望報酬率」這點可以作為參考。但是懂得如何買低的人才
是真正的投資人，他們在市場「下跌的時候」進行幾次的買進，
使他們的買入均價（cost basis）比任何人都低。

⑦ **交易的第一大原則是分批進場（dollar-cost averaging）。** 特
別是對於無法進行系統交易（systematic trading）的散戶投資
人而言，這個原則是基本中的基本。採取分批進場的最大原
因是要排除情緒。買進或賣出特定股票的時候，我們必定會

經歷股價頻繁波動與市場整體的變動，為了讓自己保持平常心建立部位，我們就只能藉助機械式分批進場的力量。一直以來，時間和市場都不斷證明著，這是把交易收益最大化的最有效方法。

⑧ **當我們開始說著「這還不算貴」（It's never too expensive），就是泡沫已經確實存在的證據。** 這是歷史上反覆發生、未來也會持續發生的現象。過去的網際網路泡沫和次級信貸危機，以及先前無數次市場泡沫化發生時，人們總是說著這句話，結果卻引發了相同的結局。

⑨ **「太貴」不代表「明天股價就會馬上下跌」。** 就算你發現股價被高估，最適合實現收益的位置不是隔天早上，有可能是數個月或數年之後。市場不會馬上迎來價值重新盤整的時期，所以如果放棄目前手上的部位，頻繁進行交易，只會徒增成本，無法獲利。

⑩ **90％投資失敗的原因在於選擇偏誤。** 要以客觀的角度看待自己的投資組合，並養成定期檢討的習慣。

⑪ **小心過度交易（over-trade）。** 不要頻繁交易，這是散戶投資人最常犯的錯誤之一，這麼做只會徒增交易成本，使虧損最大化，且收益最小化。

⑫ 每天都是全新的一天，我們也必須每天更新自己看待投資組合的觀點。今天的市場跟昨天的市場，完全是兩個不同的世界。在昨天還有效的所有一切，可能在今天開盤的瞬間就全數失效。投資組合上的所有股票，每天都要接受適切性測試，無法通過測試的股票，就必須果斷處理掉。所以每天收盤之後，我都會逐一確認 P&L 上所有股票的收盤價，並且問自己：「基於這個價格，這檔股票還能建立新的部位嗎？」Yes——維持部位；No——減少部位或清算。

⑬ 所有的圖表都是事後分析（all chart are after-the-fact）。技術分析的領先指標、同時指標、落後指標，都是股價走勢已經確認之後的事後參考資料。所謂圖表分析，基本上都是在解讀反映在投資趨勢中的投資情緒，告訴我們「為什麼這個時間點會發生這個現象」，圖表不能成為對未來股價走勢的提示。所以說，即使你做了「股票分析」，卻只專注在圖表上的話，那就是愚蠢的行為。華爾街的歷史上，不存在只仰賴技術分析的交易員。

⑭ Free Cash Flow、Free Cash Flow,、Free Cash Flow，說三次好像還不夠，我再強調一次——Free Cash Flow。華爾街的傳奇投資人們唯一一個共同強調的企業分析指標就就是——企業的自由現金流量（Free Cash Flow）。即使投資策略不同、交易技法不同、看待市場的觀點不同，但這個指標是所有人

異口同聲認為很重要的數值。

⑮ **部位規模調整失敗，就等同於投資的失敗**。就算是一場單純的遊戲也一樣吧，只要對於自己下注的金額感到不安，那就是一場不對的賭注。一旦我們對市場上的部位規模稍微感到不安，就再也無法做出合理的應對了，因為這場交易就會被情緒主導。所以說，在解決不安感的問題前，必須先降低持有規模，或是重新檢討投資判斷。

⑯ **準確認知「高風險、高收益」的相互關係（方向）**。報酬率高的投資，大部分都伴隨著較高的風險，但如果把這個原則誤以為是「高風險資產會帶來高收益」的話，那就有點尷尬了。正確來說，是「高風險資產會帶來高報酬率或高虧損率」。這也是為什麼「風險調整後報酬」（risk-adjusted returns）比名義上的報酬率更重要的原因。

⑰ **了解風險偏好與風險耐受度的差異**。不能因為自己的個性是偏好高風險投資的「風險承擔者」（risk-taker），就誤以為自己承擔風險的能力也很高。風險偏好與耐受度是不同的概念。風險耐受度是指投資發生虧損時，我所能承受的最大虧損規模。規模會根據現金持有量、持有其他防禦資產與其他個人狀況而改變。即使偏好高風險投資，但是投資超出自己風險耐受限度的風險資產和股票，是非常魯莽的行為。

⑱ 積極運用大數法則（補充：不要掉入新手運的錯覺之中）。賭局裡的勝者往往都是莊家（賭場）。為什麼我們會這麼認為？因為大數法則是其運作的根據，它的結構穩賺不賠。輪盤是押注黑色、紅色與雙數、單數，成功就可以獲得 2 倍賠率的遊戲。數字不是雙數就是單數，顏色不是黑色就是紅色，所以勝率是 50％。如果在賭局中獲勝，玩家可以拿回 2 倍的錢，所以期望值是「1」。這看似對玩家有利，但莊家的乘數其實更高。為什麼呢？因為前面計算的期望值和勝率就已經錯了。除了雙數和單數以外，輪盤上其實還有 0 跟 00（顏色為綠色），所以期望值會低於「1」，勝率也不會是 50％，而是大約 47％ 左右。這是一場不利於玩家的遊戲。在這個基礎上，賭場得以充分運用大數法則。個人玩家到了賭場只會玩個幾局，但賭場卻會玩上數萬、數億次。雖然這當中，賭場會因輸給某幾位玩家而虧損，但隨著玩家的數量和遊戲的次數愈來愈多，整體來說賭場的勝算就會愈高，報酬率也會呈幾何倍數增長。有個詞叫「新手運」（beginner's luck），指完全沒有賭博經驗的新手，一開始會偶然（完全只靠運氣）獲得比專業賭徒更高的遊戲收益。雖然表面上我們單純稱之為「靠運氣」，但實際上是因為這在統計學上還無法形成有意義的樣本數規模。隨著遊戲反覆進行，機率最終會愈來愈往「大數」收斂，新手和專業人士的勝率最終還得取決於實力。相同的原理也可以應用在投資的世界裡。剛開始投資股票，在沒有任何事前知識，也沒有交易原則，只不過是聽信某人推薦的資訊投資，並且從

中獲利 +80％，肯定會洋洋得意。這種情況對於在證券公司工作的專家而言非常可笑，愈是這種情況，就愈要自行察覺這是新手運。如果不是只投資一次就從此離開股市，而是還要長期繼續投資的話，最後一定會往大數法則靠攏。為了讓大數法則可以跟自己站在同一陣線，我們必須要遵守投資的基本原則。

⑲ **建立對虧損的個人限額與清算原則。** 我們必須成為一位靈活的交易人，時刻銘記我們的判斷也有可能是錯的。我們不僅要快速承認「我的投資判斷是錯的」，還必須迅速進行交易。在賭場輸光了賭本，我們會被迫退出賭局，但股票市場不同，就算虧損被放到無限大，只要我不採取任何行動，也不會有人幫我們停損。如果沒有清算原則，那也就沒有何時該進行清算的基準。千萬要避免錯失清算時機，成為只能把股票放在那裡等它漲回來的「被迫長期投資者」。

⑳ **務必遵守自己的投資哲學與交易原則，不管在任何情況下。** 如果用各式各樣的理由、瞬間的情緒、例外的狀況來忽略原則，那麼這項原則就再也不是原則了。這世界上沒有可以適合所有人的魔法投資公式，也沒有絕對獲利的交易技法。為某位交易員帶來驚人報酬率的交易祕訣或交易原則，對我來說卻有可能是毒藥。要好好了解自己的投資屬性，交易原則可能會根據自身的財務狀況、風險耐受度而有所不同。唯有累積足夠的交易經驗，建立並遵守自己的原則，才是必勝的方法。

㉑ **建議撰寫交易日誌**。就好比避險基金交易員每天都要確認 P&L，重新思考當天的交易，對成功與失敗的交易進行自我反省，散戶投資人沒有理由做不到這些。對於不是機構的散戶而言，正因為處於不具備交易專業性的環境下，所以愈需要撰寫交易日誌，而且這麼做對交易愈有幫助。這是一個好工具，可以提醒自己反覆犯下的錯誤、無法遵守的原則，以及該遵守的原則。即使沒有直接經手過的股票，也可以記錄下來。錯失投資機會的時候，也可以在自己發現這件事情的瞬間寫下筆記。這麼做的話，下次有類似機會來臨時，就可以迅速做出應對。

投資的世界裡需要銘記的根本原則，想當然不可能只有這 21 條，還有很多可以死守報酬率的基本原則。上述幾點，只不過是我剛踏入華爾街投資世界時，透過反覆的經驗，以及從自己周圍見證過的成功和失敗案例中，領悟而得的最基本守則。雖然上述守則真的很基本，但是連在華爾街度過數十年的資深投資人也經常違背，還因此付出了鉅額的代價。不知是否就是因為很難遵守，所以它們才被稱作「原則」。波動愈大、風險愈高的市場，就有愈多誘惑使我們放棄投資原則。在這裡，沒有人敢說投資很簡單，投資很困難，是這世界上最困難的事。

初版後記
Alpha 與 Beta 之間──
關於「戰勝市場」

　　我不相信「效率市場」假說，那些主張市場有效率的人，我只能說他們無法找到戰勝市場的方法。如果市場是有效率的，每個人的投資報酬率都要相同，這太不像話了。打從一開始，「市場是否有效率」這個問題就不值得被討論。正確的問題應該是「市場的效率最大到哪裡」、「要如何最大化運用沒有效率的部分」。但是我很清楚，只有在市場上取得優勢，才是真正在駁斥這個議題，為此，華爾街直至今日仍有無數避險基金交易員與基金經理人，在與市場搏鬥著。

　　近幾年來避險基金業界的平均收益率已經沒有這麼好了，我們確實也因此收到批判。但即使如此，也沒有理由可以貶低整個業界。過去 12 年是美國歷史上最長的上漲期，這段時間以來，避險基金業平均報酬率的絕對基準，以及跟市場報酬率相比的相對基準，都會比較低。避險基金是一種追求 Alpha 的方式，但實

際上，這段時間的 Alpha 和 Beta[71] 卻無可避免地混在了一起。在由 Beta 壓倒性主導的牛市裡，相對來說更難做出 Alpha，而且 Alpha 和 Beta 之間的界線也變得很模糊，就算是屬於「Alpha」的收益，也有一部分來自於 Beta。

在這樣的市場上，出現了兩種現象——被動式基金（passive funds）的快速成長與主動式基金（active funds）向下平均化。追蹤市場指標的被動式基金，在不斷走揚的市場上獲得動能，AUM（資產管理規模）爆發式成長，隨之而來的報酬率也很良好，這部分光是看追蹤 S&P500 指數的被動式基金或 ETF 的最新業績就能明白，不需要複雜的投資策略，只需要跟著 S&P500 指數波動也可以獲得兩位數的報酬率，對於主要以管理和銷售被動式基金為主的貝萊德（Black Rock）和道富集團（State Street）等資產管理公司而言，這成為他們近期得以大幅成長的動能。反之，主動式基金是由基金經理人或分析師負責篩選投資標的，並建立投資組合，所以專業費用很高。但是在牛市長期化的情況下，主動式基金應該要做出可以對得起高額手續費，並且可以超越市場報酬率的收益，然而想要超過這個已經超出兩位數的高市場報酬率，卻不是一件簡單的事。乍看之下，預估報酬率變高了，以市場理論來說，沒有實力的基金經理人們應該會遭到淘汰，主

---

71 理論層面上意指市場的「系統性風險」，意味著無關乎基金經理人的能力，由市場本身的變動所帶來的報酬和虧損率。舉例來說，以動能策略為主的股票型基金，因為是按照「市場的大趨勢」在波動（買進上漲的股票，賣出下跌的股票），這種基金就只存在 Beta 風險，所以報酬率也會很接近 Beta。

動式基金的水準應該會有所提升，現實卻並非如此。我們處在任何人都可以取得相對高報酬率的環境下（就算什麼都不懂，也只要跟著市場走就行！），基金經理人世界的門檻卻降低了，所有人不分你我，都開始想跳進來管理基金。

避險基金也是如此。2008 年的最後一次熊市，一直到 2020 年初牛市畫下尾聲，這 12 年來避險基金的市場規模快速成長，但隨著避險基金的資產管理規模爆發性增長，也出現了很多規模龐大但是報酬率不高的基金。業界比起業績，更著重於 AUM 競爭的狀況愈來愈嚴重。更嚴峻的是，實力沒有經過驗證的基金經理人們，利用大量湧入市場的資金，輕鬆成立並管理基金，拉低了業界的平均報酬率。不具備選股能力，不會判別股票是否能創造出 Alpha 的基金經理人大舉湧入，有一部分也拉低了業界的平均。從基金經理人們極端化的報酬率與 AUM 規模，就可以佐證這個現象。管理得當的避險基金，就算眼前的標準如此之高，還是能以壓倒性的業績打敗市場報酬率，吸引大批投資人，擴大基金的規模。而業績表現看似不佳的新興基金們，則因為在募資上遭遇困難，甚至到了基金清算的地步。隨著業界的人士出入頻繁，整體平均報酬率雖然下降了，但是競爭、規模、業績的差距卻變得極大化，不可能所有人都成為明日之星。

一年的時間裡，許多基金誕生與消失。最近有很多人指責基金經理人把 Beta 包裝成 Alpha 出售，甚至連基金經理人存在的

理由也遭受攻擊。有部分人士認為，這是業界的危機，但是我覺得比起危機或停滯，這反而是一種過渡期。假如我們再也不能期待風險承擔與 Alpha 之間的關係，確實可以說是避險基金的停滯期或衰退期已經到來，但我相信這件事不可能發生。近期新冠肺炎嚴重打擊全球股市，經濟停滯之後基金經理人的存在又再度得到了證明。在這個反覆漲跌、變化急遽的市場上，基金經理人比市場更早一兩步做出快速又靈活的應對，甚至還創下了三位數的報酬率，讓這段時間以來的業界危機論變得黯然失色。比起牛市，在所有人都害怕的暴跌盤與高變動時期，避險基金的投資模式才能真正散發光芒。從某種角度來說，新冠肺炎是考驗避險基金經理人實力的一種壓力測試。雖然目前這個意外的牛市（？）依然被天文數字般的流動性給牽引著，但實力經過考驗的基金經理人繼去年成功的操作後，正在以機靈的部位調整與投資策略乘勝長驅。

戰勝市場、承擔比市場更大的風險、建立可以持續戰勝市場的策略，為了完成這些目標，華爾街聚集了最聰明的腦袋，一起熬夜、思考與工作。二十幾年前，在避險基金鼎盛時期待在業界，很容易就可以維持報酬率的穩定。但是在這個已經飽和的市場上，競爭愈來愈激烈，需要有實力去建構更高水準的投資策略。直至今日的華爾街，依然是一個非常帥氣又令人興奮的地方，能夠暫時踏入這個世界，是我迄今為止最大的幸運。我每天無時無刻都往返於 Alpha 和 Beta 之間，為了戰勝市場在創造答案，但

這份工作依然每天都讓我感到愉快。除此之外，非常感謝能有這次機會，與各位分享這趟幸運旅程，以及我的投資心路歷程。

寫於 2020 年 9 月

二版後記

What It Takes

　　本書問世已將屆一年。雖然時間並不長，但這段時間裡，美國市場發生了許多足以讓全球股票投資人陷入混亂的里程碑事件，真的「只過了一年」嗎？真令人啞然失笑。我正在撰寫二版後記的當下，2021 年的美國股市盲點，就已經無法用邏輯來解釋任何事了。新冠肺炎之後，美國股票市場的轉變不是 180 度，好像應該是 540 度左右吧。如今，支撐美國資本市場的市場基柱、公司財務管理基本面發生了截然相反的變化，然後變了又變、一變再變。

　　常識好像已經不再適用於股票市場了，「投資」這件事變得比以前更難也更複雜，這也是結構性的變化。因為在流動性過剩的狀況下，無處可去的現金湧入股票市場，並且在超低利率的時代下，沒有其他可替代的投資標的能夠實現有意義的報酬率，以及隨著羅賓漢（Robinhood）領頭帶動零售投資的熱潮，散戶投資人爆發性湧入股票市場，甚至還可以主導市場動向。

隨之，我們迎來了一個適用全新投資方法的時代。大概是從
2021 年初掀起熱潮的「遊戲驛站軋空（GME）事件」發生後開
始，吹起了一陣推翻現有常識與秩序的迷因股（meme stock）投
資（？）熱潮，現在的遊戲規則也已經發生了變化。

　　「根據我的基本面分析，ABC 企業目前的市場價值為淨資
產價值的 -25％以上，以預估財報上的未來現金流與企業商業模
式、市場成長潛能為基準，ABC 企業的銷售額與 EPS 增長率壓
倒性高出其他競爭對手，該企業屬於處在成長階段的科技產業，
按照 CapEX[72] 投資、ROI 與日後的市占率等計算，ABC 企業的
綜合企業估值明顯被低估，以合理價報酬率 +40％為目標，我將
按照目前的股價買進股票。」這種傳統方式在當今的市場上已
經不通用了。

　　但是下述這種投資（？）方式卻很有用：「今天 XYZ 企業
的 CEO 決定要引進比特幣支付系統，伊隆・馬斯克在推特上留
下一則寫著『XYZ』的貼文，這擺明就是要收購的信號，所以我
們先買進這家企業的選擇權吧，雖然是離滿期只剩 2 天的 OTM[73]
選擇權，但是無論如何，到今天下午的時候肯定會上漲 3 倍。」
企業分析、對產業的了解，這些看似都毫無意義了，還不如到
美國著名的線上投資社群 Reddit 上打探今天會不會又有暴漲

---

72 Capital Expenditure 的縮寫，指企業為了創造未來利潤而支出的費用，大多表示設備、
土地、建築物等固定資產與設備的投資。

73 Out-of-The-Money（價外）選擇權，是指標的資產的市價（例如股票的目前股價）處於
大幅低於選擇權行使價格的狀態，而賣權則是指標的資產的當前價格大幅高於選擇權的
行使價格。OTM 是指執行（exercise）選擇權權利時會發生虧損的情況。

+500％的迷因股,或是用心追蹤被稱為「迷因股皇帝」的特斯拉執行長伊隆‧馬斯克的推特還更有效果,散戶投資人已經形成了一股巨大的勢力。

　　華爾街的機構投資人們,過去不懂這個道理,嘲笑著股票市場已經淪為沒有邏輯的情緒化賭盤,認為這只是「短暫的流行」,但現在他們也都早已真誠地接受這是一種**趨勢**的型態,而且還要以市場自然的**趨勢**為前提,建立新的交易策略。即便如此,這也不代表他們認為這是一個好的現象,只不過因為無法預測,所以只能聰明應對。

　　在這種情況下,想要不失去自我中心的方法只有一個,就是正確知道自己是為了什麼投資,為了達成目標需要什麼。投資是為了讓我們的生活最終可以多彩多姿而做的行為。投資的前提很簡單,就是購買「當前價格」比其「未來價值」更便宜的某樣東西,不管是股票、物品,或是人,我們都需要思考自己投資目標的未來價值與當前價值,對其作出合理的判斷。在沒有經過系統性思考的情況下,搭上市場炒作(hype)進行「投資」,一夜之間賺到三位數的報酬率,並且實際有實現收益的話,我在此先恭喜你。但你也必須知道,問題在於這種形式的收益,還能持續多久?然而有一群人站在反對黨,為了找到「Alpha」,為了「投資」,正在孤軍奮戰,這當中有散戶也有機構。他們,與在馬上冷卻的迷因股動能上受到虧損、又再去找下一檔炒作股的這些人不同,他們非常清楚遊戲規則,他們了解戰勝市場的策略與持續獲利所需要的是什麼,並正在實踐著。

這本書不是膚淺的英雄傳記，也不是自我陶醉的回憶錄。我想透過這篇文章表達的訊息是「what it takes」，也就是我們需要付出什麼。為了投資、為了成功、為了社會成就或幸福，我們應該要犧牲什麼，需要怎麼樣的努力和耐力。

抱著中頭獎或是「肯定會漲吧……」這種茫然的希望，按照瞬間的情緒，輕易按下買進的許多散戶投資人，我想要間接讓你們看見這一切。我想要告訴大家，撼動全球資本市場的主體們，在決定「買進」之前花了多少時間、投資了多少資源，為了投資又做了多少的投資。我並不是說機構的方法是正確的，我只是認為大家應該要了解，避險基金如何運作，散戶投資人所面對的機構們，究竟是經由什麼過程運作資本。這是一本真誠的日記，講述的是我在這個容易被情緒淹沒的金錢戰場上，如何讓自己不掉入情緒的陷阱與傲慢的深淵，以及為了創造出 Alpha，我做出了多少不懈的努力，又經歷過多少挫折。希望我的真心，可以傳遞給位在母國不特定多數的讀者。

寫於 2021 年 12 月

台灣版後記

致親愛的臺灣讀者：
成為優秀的投資人

「我年初至今已有 +200％績效。」

「你看看 MRVL。」

「我對 TQQQ 做了 10 年回測，不明白為什麼人們會買 QQQ
而非 TQQQ ？」

「你能幫我找找看有 3 倍槓桿的 AI 主題 ETF 嗎？我找不到，
只好買了 UBOT。」

「嘿！所以你知道 3 倍反向槓桿結構是怎麼運作的嗎？」

「我用我新的演算法，兩週內賺了 5 萬美元，這讓我有了以
下這些交易想法。」

「我想創辦一家避險基金，你會幫我嗎？」

「為什麼 SOFI 這麼火熱？」

我親愛的老朋友在 Meta 最近一輪的裁員中丟了工作，現在
他正考慮成立一家避險基金。他每隔一天就寄給我一封（沒有主

題的）電子郵件，裡面全是這樣的俏皮話。

他說他在「投資」上獲得許多「樂趣」。這對我來說，在很多方面都是令人擔憂的信號，因為當這兩個詞同時出現在一個句子裡時，很多事情的結局都很糟糕。經歷過十多年公司融資與投資經驗，親眼見證世上最知名的基金經理們如何獲利與虧損後，我唯一能夠持肯定態度告訴你的是，投資並不有趣。

事實上，它極其令人痛苦。想要不虧損都非常困難，就更不用說打敗市場了。同樣的訊息貫串了這整本書（希望如此，如果不是，那代表我的寫作出了問題）。投資很難，打敗市場很難，想要賺到 Alpha 很難，想要賺到 Beta 也很難。

有趣的是，感知難度與市場表現呈反比關係。讓我們回顧 3年前，也就是我開始寫這本書的時候。

2020 年暴跌暴漲。

2021 年是可怕的牛市。

2022 年很糟，糟透了。

2023 年迄今是令人困惑的牛市。

2020 年標誌著散戶投資者的正式崛起，新冠疫情時代之初，讓每個人都有了太多的時間、太多的錢。2021 年 1 月開始，出現了一場零售革命，包括遊戲驛站和其他迷因股浪潮等具有里程碑意義的事件，這年結束時，對所有人來說都是最好的一年。投資這麼「容易」，就在這年，每個人都發現了自己在選股上的天賦。

然後到了 2022 年，所有人的股票帳戶都崩潰了，面臨兩位數、三位數的損失。羅賓漢失去了一半的月活躍用戶數，沒人再談論股票了。投資變得「艱難」，人們移除了手機裡的交易 APP，決定永遠不再登入他們的帳戶。直到 2023 年。

這一年對每個人來說都很困惑。儘管去年市場崩盤和對經濟衰退的擔憂引發了喧囂與憤怒，但華爾街已重新進入高速運轉狀態。當我在 6 月中旬寫這篇後記時，標普 500 指數和納斯達克指數年初至今分別上漲了 15％和 38％。令人震驚的是，鑑於華爾街有大量報告擔心經濟衰退、過度升息、股票風險溢價飆升，每家銀行都大幅下調了標普年終目標點位。但似乎是為了證明華爾街錯了，市場以 1990 年代以來從未見過的速度開始反彈。

個人投資者與華爾街投資人之間的差距，比以往任何時候都來得大——曾經所向無敵的大型科技公司進行了前所未有的重組，整個矽谷的估值被重設回 7 年前的位置，企業正緊縮預算，盈利能力比成長重要成為企業的新口號，現金再次成為一種理想通貨（等等……那通膨呢？），銀行業出現了幾起破產事件，大銀行、科技巨頭、新創公司甚是消費者零售行業都在進行裁員。

諷刺的是，隨著生成式人工智慧（Generative AI）帶來的一波新熱潮，股市正瘋狂上漲。但如果你再深入一些，真正了解現正發生的事，你就會開始看到其中的醜陋之處。目前有驚人數量的股票正處於熊市區域，這可能導致股市出現修正。後續整體股市能否進一步上漲，將取決於反彈範圍是否擴大，而不僅僅是靠少數超級巨星，比如大型科技股和人工智慧主題股。

那我們能從這一切中學到什麼呢？對大多數人來說，可能什麼都沒有。我們已經看到股票投資者重拾信心程度的重覆模式。我並不是說這是件壞事，這就是人們天生的行為方式，而那些最終獲勝的人知道如何超越這一切。那是種罕見的才能，罕見的紀律。投資的時機從來沒有好壞之分，你的信心程度應該與市場無關。無論行情好壞，優秀的投資者都能獲得報酬。無論行情好壞，優秀的投資者都會面臨虧損。優秀的投資者之所以優秀，是因為他嘗試去理解市場，自己去研究，在行情好與不好時做出決策，並從過去的錯誤中汲取教訓。因為一個優秀的投資者知道投資有多困難，並且會在市場的繁榮與蕭條中展現出堅定不移的紀律。

非常榮幸本書能跨越國界被閱讀到。特別感謝臺灣的讀者們，讓我重新思考，我希望讀者從這本書中得出的主要訊息，反思整個市場，並建立起關於「優秀投資者」的確切觀念。本書記錄了關於華爾街的經典教訓與反思，因此結語也值得一年更新一次，以跟上不斷變化的市場。一年一度的沉思只是強化了我想傳達之訊息的經典性質：成為一名優秀的投資者需要些什麼，為何我們大多數人都做不到，以及我們應該如何從過去中汲取教訓。

在此我想引用《大亨小傳》中我最喜歡的一句（倒楣）話作為結尾：

「過去無法重演？什麼話，當然可以！」（Can't repeat the past? Why, of course you can!）

寫於 2023 年 6 月

某避險基金公司的
組織體系

本書提及的避險基金，是有同時營運私募基金的大規模投資公司，為了幫助各位理解，我畫出了簡易的組織結構圖。當然，結構方面會根據基金規模或策略有所不同，但是大部分的結構都很相似。大型基金則可能有好幾位 PM，每位 PM 會有各自管理的避險基金。

依照規模的不同，大型基金的工作分配會更細，由「分析師」負責企業分析與判斷投資適切性，投資決策完成後，則是由「交易員」負責執行交易（trade execution），區分非常明確。每間基金／公司的業務範疇不同，所以很難有統一的定義。有些交易員是被動交易員（我們稱之為 execution trader），負責執行已經決定好的投資案件，但也有些交易員要負責挖掘投資目標、企業分析、參與從投資判斷到實際執行交易的所有過程，後者比起只負責交易的被動交易員，擁有更多權限，職級也更高。基金規模較小的公司，主要結構是 PM 底下會有好幾位分析師，交易的部分由分析師或 PM 親自操刀，或者是委託給經紀商。

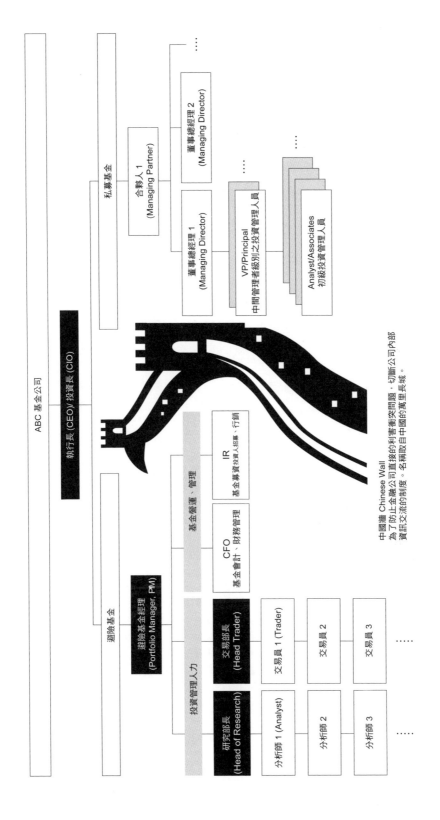

ABC 基金公司

執行長 (CEO)/投資長 (CIO)

私募基金

避險基金

合夥人 1
(Managing Partner)

董事總經理 1
(Managing Director)

董事總經理 2
(Managing Director)

VP/Principal
中間管理者級別之投資管理人員

Analyst/Associates
初級投資管理人員

避險基金經理
(Portfolio Manager, PM)

投資管理人力

基金營運、管理

研究部長
(Head of Research)

交易部長
(Head Trader)

CFO
基金會計、財務管理

IR
基金募資投資人招募、行銷

分析師 1 (Analyst)

分析師 2

分析師 3

交易員 1 (Trader)

交易員 2

交易員 3

中國牆 Chinese Wall
為了防止金融公司直接的利害衝突問題，切斷公司內部
資訊交流的制度。名稱取自中國的萬里長城。

了解韓國沒有的
投資銀行（IB）銀行家（banker）

投資銀行每家公司的組織體系也都非常不同，為了概括說明，下圖是以普遍美國大型投資銀行機構為例所繪製而成。希望可以幫助各位了解本書出現的「銀行家」、賣方分析師具體屬於哪一個機構的哪一個部門、職業群體，以及他們跟避險基金之間具有什麼關係。

◆　銷售＆交易：主要業務是提供買方客戶投資點子，使客戶經由自家公司的交易平臺買賣股票。投資點子是由自家公司的股票研究（equity research）分析師所提供。銷售交易員是接受買方分析師、PM 的訂單，盡可能用最好的價格，處理好訂單上的交易量，提供代理證券交易的委託交易服務，並收取手續費。避險基金與各家買方機構屬於甲乙關係。

◆◆　公司財務管理：在眾多投資銀行部門、職業群體中，負責公司財務管理，特別是擔任M&A 顧問的人員被稱為「銀行家」。

◆◆◆　研究：普遍大眾認為的「證券公司分析師」，也就是推薦買進／賣出的「股票分析師」，就相當於是投行的研究分析師。由於投行屬於賣方機構，所以他們也被稱為「賣方分析師」。分析師會針對自己所負責的產業，向買方客戶或自家股票銷售＆交易部門提供企業投資意見。他們會製作報告，針對自己負責的整體產業，與該企業的分析和評估結果，提供最終投資意見。根據所屬的投行或分析師本人的聲譽（reputation），可能會對市場帶來相當大的影響力。買方分析師相當於是他們的客戶，從他們的交流與資金流向來看，屬於甲乙關係。他們必須針對避險基金等買方機構諮詢的產業與企業資訊，隨時提供回答，必要時還要幫該企業的管理層牽線安排會議。

投資銀行
IB

投資銀行部門 INVESTMENT BANKING DIVISION

公司財務管理 CORPORATE FINANCE ◆◆

研究 ◆◆◆
RESEARCH

股票發行 ECM

合併收購 M&A

債券發行 DCM

企業顧客籌資 CORPORATE BANKING

資產管理
ASSET MANAGEMENT

個人投資 / 零售 / 資產管理
RRIVATE BANKING / WEALTH MANAGEMENT

銷售 & 交易 ◆
SALES&TRADING

委託交易業務 BROKERAGE

其他基礎部門：風險管例、人事、法務、合規、IT、營運等等

經常出現的金融機構與
職業群體的說明

專業的金融用語，我都有在本文中以註釋做說明。這裡我將針對其他經常出現的主要概念，與非華爾街金融圈從業人士多少會有點難以理解的業界用語、機構的特性與職業類別的角色，追加進行解釋。

比起字典上的意思，我會以業界內部人士的視角，盡可能以實務觀點作敘述，提供給各位參考。

避險基金經理（PM）：本書裡提到的 PM，是 Portfolio Manager 的縮寫，顧名思義就是負責管理投資組合的基金經理，避險基金經理就是業界所謂的 PM。從職級體系來看，PM 是負責基金管理、基金募資與公司整體營運、避險基金報酬率等所有責任的最高負責人。PM 會依據分析師的分析結果做出最終的投資決策，也有權決定他手下的分析師、交易員的年薪與績效。

　　○　我們可以看見 PM 以自己的名字營運的基金，PM 過去的業

績（track record）與業界的聲譽會對基金的募資、和資金組成造成決定性的影響，要說避險基金的成敗取決於 PM 的能力也不為過。

○ 分析師或交易員是避險基金為了「除了 PM 以外的人」所設的崗位。PM 裡也有從分析師或交易員起家的人，他們在 PM 底下累積投資經歷，後來獨立成立基金，自己成為 PM 管理避險基金。想要在公司爬到 PM 或自行成立基金，成為 PM 的所有方法，進入壁壘都很高，因此並不常見。只有生存下來並撐過來的人才能夠成為 PM，也有很多人經過數十年都無法成為 PM，最後乾脆離開業界。

避險基金分析師：避險基金的世界裡，職級從廣義上來說，只分為是 PM 與不是 PM 的人力，除了 PM 以外的人，普遍都被稱為「分析師」。

投資銀行分析師：意義上與避險基金分析師完全不同，職級體系也不一樣。投資銀行的公司財務管理分析師，是指剛進公司 1 到 2 年的基層新進員工。

賣方（sell-side）分析師：普遍來說，提到「分析師」的時候會最先想到的分析師，隸屬於投資銀行和證券公司，指在投資銀行研究部門裡負責提出股票與市況分析報告和投資意見的分析師。由於買方機構是他們的客戶，所以他們還要以買方機構為對象進

行行銷和營業活動。

買方（buy-side）分析師：指隸屬於資產管理公司或避險基金等買方機構的投資分析師。雖然他們跟賣方分析師一樣，都從事評估作業，負責分析投資目標，但是消費這份分析的對象不同。買方分析師負責提供意見給投資組合經理或 PM，目標是執行投資並實現投資報酬率。因為買方分析師的進入壁壘較高，所以有很多人是先以賣方分析師的經歷打底，再跳槽至買方分析師。

IR（Investor Relations）：直譯為「投資人關係」，但是在基金裡面意指負責從基金投資人（主要是大型金融機構或年金等）身上募資，並負責基金行銷和銷售的職位。基金終究還是要從投資者身上籌資才能夠營運，這份工作的重要性不亞於投資。順帶一提，一般公司的 IR 跟基金的 IR，在角色上的意義有點不同，雖然兩者都是負責代表公司向投資人行銷，但公開企業（public company）的 IR 要負責接待由散戶或機構投資人所組成的股東、買方與賣方的分析師，並解釋企業的股東價值和預估價值。但在透過股票「籌資」的方面，雙方則扮演著相同的角色。

經紀商（broker）：指接受客戶（委託人）的訂單，提供有價證券交易業務仲介與代理服務的經紀業務（brokerage）的人或企業（證券公司）。會根據客戶委託的交易金額規模收取手續費，這份收益是證券公司的主要收入來源。

〇　本書經常提到的「經紀商」是隸屬於美國投資銀行、機構或投資銀行的交易員與銀行家。他們負責執行避險基金（客戶）的訂單，並從中收取佣金。

〇　但是業界裡面更具體、通用的脈絡中，經紀商是買賣證券商品，單純仲介交易（股票經紀商、募資經紀商等）的角色，而「銀行家」則是提供 M&A 與 IPO 等「諮詢服務」（advisory）的角色，在這方面有點不同。如果稱呼銀行家為經紀商的話，銀行家就會有點不爽（？），這當中存在著非常微妙的差異，但是從大脈絡上來說，兩者確實都是經紀商沒錯。~~畢竟在外界眼裡看起來都一樣。~~

國家圖書館出版品預行編目 (CIP) 資料

華爾街交易員的投資解答：金融風暴後的華爾街十年見聞，在原始
赤裸的競爭中，看見投資最重要的事／紐約居民 著；蔡佩君 譯. --
初版. -- 新北市：方舟文化，遠足文化事業股份有限公司，2023.07
　　面；　公分. --（致富方舟；8）
譯自：디 앤서
ISBN　978-626-7291-39-9（平裝）
　　1.CST: 投資技術 2.CST: 投資分析 3.CST: 基金

563.5　　　　　　　　　　　　　　　112007853

方舟文化官方網站　　方舟文化讀者回函

致富方舟 0008

華爾街交易員的投資解答

金融風暴後的華爾街十年見聞，在原始赤裸的競爭中，看見投資最重要的事
디 앤서

作者　紐約居民｜**譯者**　蔡佩君｜**封面設計**　Bert.design｜**內頁設計**　Pluto Design｜**主編**　邱昌昊
｜**專案行銷**　林芳如、黃馨慧｜**行銷主任**　許文薰｜**總編輯**　林淑雯｜**出版者**　方舟文化／遠足文
化事業股份有限公司｜**發行**　遠足文化事業股份有限公司（讀書共和國出版集團）　231 新北市新
店區民權路 108-2 號 9 樓　電話：（02）2218-1417　傳真：（02）8667-1851　劃撥帳號：19504465
戶名：遠足文化事業股份有限公司　客服專線：0800-221-029　E-MAIL：service@bookrep.com.tw｜
網站　www.bookrep.com.tw｜**印製**　東豪印刷事業有限公司　電話：（02）8954-1275｜**法律顧問**　華
洋法律事務所　蘇文生律師｜**定價**　400 元｜**初版一刷**　2023 年 7 月｜**初版二刷**　2023 年 10 月